Michael Hoyer

Vom Pulsschlag des Universums.
Verdis *Traviata* – Textbuch und Erläuterungen zum Werk

Michael Hoyer

Vom Pulsschlag des Universums.

Verdis *Traviata* – Textbuch und Erläuterungen zum Werk

Bibliografische Information der Deutschen Nationalbibliothek: Die Deutsche Nationalbibliothek verzeichnet diese Publikation in der Deutschen Nationalbibliografie; detaillierte bibliografische Daten sind im Internet über dnb.dnb.de abrufbar.

© 2017 Michael Hoyer.
Umschlaggestaltung und Satz: Peter Menke.
Herstellung und Verlag: BoD – Books on Demand, Norderstedt

ISBN: 978-3-7431-7517-4

Inhalt

La Traviata 7
   Erster Akt 9
   Zweiter Akt 15
   Dritter Akt 30

Michael Hoyer:
Zur Verschränkung von Text und Musik in Verdis La Traviata 37

Giuseppe Verdi
Francesco Maria Piave

La Traviata

Übertragung des Textes ins Deutsche von

Michael Hoyer

PERSONEN

Violetta Valéry	Sopran
Alfredo Germont	Tenor
Giorgio Germont, sein Vater	Bariton
Flora Bervoix	Mezzosopran
Annina, Violettas Zofe	Sopran
Gastone, Visconte de Letorières	Tenor
Barone Douphol	Bariton
Marchese d'Obigny	Bass
Dottore Grenvil	Bass
Giuseppe, Violettas Diener	Tenor
Ein Diener Floras	Bass
Ein Bote	Bass

Freunde und Freundinnen Violettas und Floras.
Matadore, Pikadore, Zigeunerinnen,
Diener Violettas und Floras, Masken, etc.

Ort und Zeit der Handlung: Paris und seine Umgebung um 1700.
Der erste Akt spielt im August, der zweite im Januar, der dritte im Februar.

NR. 1 VORSPIEL

ERSTER AKT

Saal im Hause Violettas

NR 2. EINLEITUNG

Violetta sitzt auf einem Divan und unterhält sich mit Doktor Grenvil sowie einigen Freunden, während andere die später Eintreffenden empfangen, darunter der Baron und Flora am Arm des Marchese.

EIN TEIL DES CHORS. Die Einladung hat längst schon begonnen. Ihr kommt zu spät:
EIN ANDERER TEIL DES CHORS. Wir spielten bei Flora, und beim Spielen vergehen die Stunden im Fluge.
VIOLETTA. Dann, Flora, Freunde, vertreibt euch die restliche Nacht hier mit anderen Vergnügungen. Wenn die Gläser klingen, wird das Fest gleich viel lustiger.
FLORA, MARCHESE. Und Sie, Signora, können mit uns zusammen genießen?
VIOLETTA. Ich will es. Ich ergebe mich den Freuden, und wie gewohnt werde ich mit dieser Medizin das Übel vertilgen.
FLORA, BARON, GRENVIL, MARCHESE, CHOR. Ja, die Lust verdoppelt die Lebenskraft.
GASTONE *tritt mit Alfredo ein.* Hier in Alfredo Germont, Signora, sehen Sie einen weiteren, der Sie sehr verehrt. Wenige Freunde nur gibt es wie ihn.
VIOLETTA *gibt Alfredo die Hand, welcher sie ihr küßt.* Guter Visconte, ich weiß diese Gabe zu würdigen.
MARCHESE. Lieber Alfredo!
ALFREDO. Herr Marquis!
GASTONE. Ich hab's dir gesagt, hier gehen Freundschaft und Vergnügen Hand in Hand.
VIOLETTA. Ist jetzt alles fertig? Setzt euch, meine Lieben! Wenn man zusammen speist, schließt man sich einander auf.
ALLE AUSSER VIOLETTA. Genauso ist es: die freundschaftliche Zuneigung vertreibt die geheimen Sorgen.
GASTONE *leise zu Violetta.* Alfredo denkt ständig an Sie.
VIOLETTA. Ihr macht Witze.
GASTONE. Als Sie krank darniederlagen, führte ihn seine Sorge täglich voller Unruhe hierher, immer fragte er nach Ihnen.

VIOLETTA. Nun aber Schluß damit! Ich bin niemand für ihn.
GASTONE. Ich mache Ihnen nichts vor.
VIOLETTA. Dann stimmt das also? Und wie kommt es? Ich versteh das nicht.
ALFREDO. Doch, es ist wahr.
VIOLETTA. Ich entbiete Ihnen meinen Dank. Ihr hingegen, Herr Baron, verhieltet euch keineswegs so.
BARON. Ich kenne Sie erst seit einem Jahr.
VIOLETTA. Und er erst seit ein paar Minuten!
FLORA. Es wäre besser gewesen, Ihr hättet geschwiegen.
BARON. Mich ennuyiert dieser Jungspund.
FLORA. Weshalb? Ich finde ihn ziemlich sympathisch.
GASTONE. Und du sagst jetzt wohl gar nichts mehr?
MARCHESE. Madame gebührt es, ihn aufzurütteln.
VIOLETTA *schenkt Alfredo ein.* Als Hebe schenk ich Ihnen ein...
ALFREDO *mit Galanterie.* Und ich wünsche, daß Sie unsterblich seien wie diese.
ALLE AUSSER VIOLETTA UND ALFREDO. Trinken wir!
ALLE. Trinken wir!
GASTONE. Ach, Baron, haben Sie nicht einen Vers oder ein Sprichwort, das zu dieser frohen Stunde paßt? – Dann ist's an dir, Alfredo!
VIOLETTA, FLORA, GRENVIL, MARCHESE, CHOR. Genau, einen Trinkspruch!
ALFREDO. Die Eingebung ist mir nicht gnädig.
GASTONE. Aber du bist doch Meister in diesen Dingen!
ALFREDO. Wäre es Ihnen genehm?
VIOLETTA. Sicher.
ALFREDO. Ja? Ich hab es schon im Kopf!
ALLE AUSSER ALFREDO. Dann höret! Hört dem Sänger zu!

NR. 3 TRINKLIED

ALFREDO.
　Laßt uns baden in den frohen Kelchen, welche die Schönheit erblühen läßt,
　Und trunken vor Wollust sollen die flüchtigen Stunden sein.
　Laßt uns baden in den süßen Schaudern, welche die Liebe erregt,
　Denn deren Auge beherrscht allmächtig das Herz.
　Laßt uns baden in Liebe, heißere Küsse gewährt uns der Wein!
VIOLETTA. Mit euch, Freunde, kann ich meine fröhliche Zeit teilen.
　Alles auf der Welt ist Irrsinn, sofern es nicht Vergnügen ist.

So laßt uns genießen, denn flüchtig und schnell sind die Freuden der Liebe.
Blumen sind's, die erblühn und vergehen, bald sind sie nicht mehr da.
Laßt uns genießen, ein gleißendes Licht lädt uns ein.
ALLE AUSSER VIOLETTA. Laßt uns den Trank genießen, Gesang und Lachen verschöne die Nacht!
In solch paradiesischem Zustand soll der neue Tag uns antreffen!
VIOLETTA. Das Leben besteht nur in Festen,
ALFREDO. Es sei denn in der Liebe.
VIOLETTA. Das sagen Sie zu einer, die diese nicht kennt...
ALFREDO. Das ist meine Bestimmung.

NR. 4 WALZER UND DUETT

ALLE AUSSER VIOLETTA. Was ist das?
VIOLETTA. Wäre euch jetzt nicht ein Tanz genehm?
ALLE AUSSER VIOLETTA. Welch reizender Einfall! Wir gehn darauf ein.
VIOLETTA. Dann gehen wir jetzt...

Sie bewegen sich Richtung Mitteltür, als Violetta plötzlich erbleicht

VIOLETTA. O Gott!
ALLE AUSSER VIOLETTA. Was fehlt Ihnen?
VIOLETTA. Nichts, nichts!
ALLE AUSSER VIOLETTA. Was hindert Sie?
VIOLETTA *macht ein paar Schritte*. So gehn wir... *Ist erneut gezwungen, sich zu setzen.* O Himmel!
ALLE AUSSER VIOLETTA UND ALFREDO. Schon wieder!
ALFREDO. Ihr leidet.
ALLE AUSSER VIOLETTA UND ALFREDO. Himmel, was ist das?
VIOLETTA. Ich fühle ein innres Zittern! Nun geht dort hinüber, ich folge euch gleich nach.
ALLE AUSSER VIOLETTA UND ALFREDO. Ganz wie Ihr meint.

Alle außer Violetta und Alfredo gehen in den anderen Saal.

VIOLETTA *erhebt sich und blickt in den Spiegel.* Wie blaß ich bin! – Sie hier?
ALFREDO. Ist die Beklemmung vorüber, die Sie befallen hatte?
VIOLETTA. Besser ist es.

ALFREDO. Wenn Sie so weitermachen, bringen Sie sich um. Sie müssen besser für Ihr Wohlergehen sorgen.
VIOLETTA. Wie soll das gehen?
ALFREDO. Wären Sie die Meine, So behütete ich Ihr Leben vor allen Turbulenzen.
VIOLETTA. Gibt es denn irgendjemanden, der sich um mein Wohlergehen sorgt?
ALFREDO *feurig*. Weil keiner auf der Welt Sie liebt.
VIOLETTA. Keiner?
ALFREDO. Von mir einmal abgesehen.
VIOLETTA *lacht*. Stimmt ja! Diese große Liebe hätte ich beinahe vergessen!
ALFREDO. Sie lachen? Und in Ihnen schlägt ein Herz?
VIOLETTA. Ein Herz? Doch..., vielleicht... Und wozu fragen Sie danach?
ALFREDO. Nun, wenn Sie eins hätten, würden Sie mich jetzt nicht belächeln.
VIOLETTA. Ist das Ihr Ernst?
ALFREDO. Ich mache Ihnen nichts vor.
VIOLETTA. Lieben Sie mich schon lange?
ALFREDO. Gewiß, seit einem Jahr.
  Eines glücklichen Tages standen Sie, einer Erscheinung gleich, vor mir,
  Und von diesem bewegenden Tag an
  Lebte ich im Bann einer zuvor mir unbekannten Liebe;
  Jener Liebe, die der Pulsschlag des gesamten Universums ist,
  Voll Geheimnis und Hoheit, Elend und Entzücken des Herzens.
VIOLETTA. Sollte dies wahr sein, so fliehen Sie!
  Nichts als Freundschaft kann ich Ihnen anbieten.
  Zu lieben vermag ich nicht,
  Noch leide ich selbst an einem so heroischen Gefühl.
  Ich bin frei und wild, suchen Sie sich eine andere!
  Keine Glut werden Sie in mir finden, vergessen Sie mich lieber!
GASTONE *tritt ein*. Was ist? Was zum Teufel macht Ihr hier?
VIOLETTA. Wir hatten Spaß miteinander!
GASTONE. Oha, ach so! Gut, gut! Dann bleibt nur! *Ab.*
VIOLETTA. Dann also nichts mehr von Liebe. Behagt Ihnen diese Abmachung?
ALFREDO. Ich gehorche Ihnen. Ich gehe jetzt.
VIOLETTA. Nur deshalb sind Sie gekommen? *Nimmt eine Blüte aus ihrem Busen* Dann nehmen Sie diese Blume mit.
ALFREDO. Weshalb?
VIOLETTA. Um sie mir zurückzubringen.
ALFREDO. Wann?

VIOLETTA. Sobald sie verwelkt ist.
ALFREDO. Mein Gott! Schon morgen?
VIOLETTA. So ist's: schon morgen!
ALFREDO *nimmt bewegt die Blume an sich.* Ich bin überglücklich.
VIOLETTA. Sagen Sie mir noch einmal, daß Sie mich lieben?
ALFREDO. Und wie, und wie ich Sie liebe! *Schickt sich an zu gehen.*
VIOLETTA. Sie gehen?
ALFREDO *kehrt um und küßt ihr beide Hände.* Ich gehe.
VIOLETTA. Leben Sie wohl!
ALFREDO. Mehr ersehne ich nicht.

NR. 5 ENSEMBLE

ALLE AUSSER VIOLETTA UND ALFREDO *kehren erhitzt vom Tanz in den Saal zurück.*
Schon zeigt sich das Morgenrot am Himmel
Und schickt uns auf den Nachhauseweg;
Euch, gnädige Frau, sagen wir Dank
Für das großartige Vergnügen.
Überall in der Stadt sind Feste im Gange,
Jeder Augenblick bringt neue Freuden.
So laßt uns jetzt ruhen,
Um uns für neue Genüsse zu rüsten.

NR. 6 SZENE UND ARIE

VIOLETTA. Seltsam! Diese Worte gehen mir nicht aus dem Kopf!
Wäre eine ernsthafte Liebe für mich denn ein Unglück?
Wie wirst du dich entscheiden, mein aufgewühltes Herz?
Noch nie hat ein Mann irgendeine Glut in dir entfacht...
O ungekannte Freude: als Geliebte selbst zu lieben!
Sollte ich diese um meiner sterilen Ausschweifungen willen geringschätzen?

Ach, vielleicht ist er es ja, den meine Seele,
Einsam in ihren Wirrnissen, so gerne
Mit geheimnisvollen Farben sich ausmalte.
Er, der bescheiden und aufmerksam
In mein sieches Leben eintrat
Und ein anderes Fieber in mir entzündete,

Indem er die Liebe in mir erweckte:
Jene Liebe, die der Pulsschlag des gesamten Universums ist,
Voll Geheimnis und Hoheit, Elend und Entzücken des Herzens.

Als mir Mädchen ein reines und banges Verlangen
Jenes berückende Bildnis des Mannes meiner Zukunft entwarf,
Das in strahlendem Licht seiner Schönheit
Der Himmel mir zeigte,
Und mein ganzes Selbst sich
An diesem göttlichen Zauber speiste:
Da fühlte ich, daß die Liebe der Pulsschlag des gesamten Universums ist,
Voll Geheimnis und Hoheit, Elend und Entzücken des Herzens.
Verharrt versunken.

aufspringend Unsinn! Unsinn!
Das ist nichts als eitler Wahn!
Ich bedauernswerte Frau, einsam und verlassen
In dieser übervölkerten Wüste, die sich Paris nennt,
Was hab ich zu hoffen? Was sollte ich tun?
Der Lust mich hingeben!
Mich stürzen in den Strudel sinnlicher Begierden!

Ewig frei laß ich im Taumel der Freuden mich treiben,
Auf den Wogen der Lust soll mein Leben sich entrollen.
Ob der Tag anbricht oder versinkt, stets fröhlich soll er mich antreffen,
Zu immer neuen Vergnügungen soll mein Geist sich aufschwingen.

ZWEITER AKT

Saal im Erdgeschoß. Im Hintergrund ein Kamin, auf dem sich ein Spiegel und eine Uhr befinden. Zu dessen beiden Seiten Glastüren, die in den Garten führen. Im ersten Stock zwei weitere einander gegenüberliegende Türen. Stühle, Tischchen, Bücher, Schreibzeug.

NR. 7 SZENE UND ARIE

ALFREDO *tritt in Jagdkleidung ein.* Fern von ihr gibt es keine Freude für mich.
Legt die Flinte ab
Seit drei Monaten schon entsagt nun meine Violetta
Für mich dem Müßiggang, der Verschwendung,
Den Liebeleien und den pompösen Festen,
Auf denen sie sich unter den Blicken der Anbeter ihrer Schönheit
Zu sonnen gewöhnt war...
Und nun lebt sie zufrieden an diesem heiteren Orte
Und vergißt alles für mich...
Hier in ihrer Nähe fühle ich mich neu erstehen,
Und durch den Hauch der Liebe gesundet,
Versenke ich in ihren Freuden alles Zurückliegende.

Sie war es, die das jugendliche Feuer,
Das in meinen Sinnen loderte,
Mit dem stillen Lächeln der Liebe dämpfte.
Von dem Tage an, da sie sprach: dir allein treu will ich leben,
Versank alles um mich in Bedeutungslosigkeit,
Und ich lebte beinahe im Himmel.

Annina, wo bist du gewesen?
ANNINA *tritt aufgeregt ein.* In Paris.
ALFREDO. Weshalb?
ANNINA. Um die Pferde, Karossen und was sie sonst noch besaß zu veräußern.
ALFREDO. Was höre ich da!
ANNINA. Das Leben hier in der Abgeschiedenheit verursacht hohe Kosten.
ALFREDO. Und du verschwiegst mir das?
ANNINA. Sie erlegte mir Stillschweigen auf.

ALFREDO. Sie erlegte es dir auf?
   Wieviel Geld ist nötig?
ANNINA. Tausend Louis d'or.
ALFREDO. Jetzt aber fort mit dir... Ich fahre nach Paris... Von diesem Gespräch darf die Herrin nichts erfahren. Ich weiß schon, wie ich das Ganze in Ordnung bringe. Fort, fort!

Ich Narr! Welche Erniedrigung!
Im Wahn war ich befangen!
Doch die Wahrheit ging mir auf,
Um den törichten Traum zu zerstören.
Schon bald, sehr bald wird meine Brust
Dem Ruf der Ehre genügetun;
Sei nur gewiß: ich räche mich,
Diese Schande lösch ich aus! *Ab.*

NR. 8 SZENE UND DUETT

VIOLETTA *tritt mit einigen Papieren in der Hand ein.* Alfredo?
ANNINA. Er fuhr soeben nach Paris.
VIOLETTA. Kommt er zurück?
ANNINA. Noch vor Einbruch der Nacht. Er verbot mir, es Ihnen zu sagen.
VIOLETTA. Das ist seltsam.
GIUSEPPE *übergibt einen Brief.* Für Sie.
VIOLETTA. In Ordnung. In Kürze wird hier ein Geschäftsmann ankommen. Bitten Sie ihn sofort herein.
VIOLETTA *öffnet den Brief.* Ach ja! Flora hat mein Versteck ausfindig gemacht
   Und lädt mich auf heute Abend zum Ball.
   Sie wird vergeblich auf mich warten.
GIUSEPPE. Ein Herr ist hier.
VIOLETTA. Sicher ist es der, den ich erwarte.

GERMONT. Mademoiselle Valéry?
VIOLETTA. Das bin ich.
GERMONT. Der Vater von Alfredo steht vor Ihnen!
VIOLETTA *überrascht; fordert ihn auf, Platz zu nehmen.* Sie?

GERMONT. Jawohl! Der Vater dieses Verblendeten, Den Sie ruchlos in sein Verderben stürzen!

VIOLETTA *steht auf; in energischem Ton.* Eine Dame bin ich, mein Herr, und Sie befinden sich in meinem Hause. Gestatten Sie, daß ich Sie gehen heiße, ohne Sie anzuhören, Eher zu Ihren als zu meinen Gunsten.

GERMONT. (Welch ein Anstand!) Indes...

VIOLETTA *setzt sich wieder.* Sie wurden hinters Licht geführt...

GERMONT. Er will Ihnen seine Besitzungen vermachen.

VIOLETTA. Bisher hat er es nicht versucht. Ich würde es ablehnen.

GERMONT *sieht sich im Saal um.* Hier herrscht ein Luxus...

VIOLETTA *überreicht ihm ein Papier.* Allen ist das ein Rätsel; Ihnen will ich es lüften...

GERMONT *überfliegt es.* Himmel! Was schreiben Sie da? Sie wollen sich von allem trennen, was Sie besitzen? Wieso fühlen Sie sich von Ihrer Vergangenheit verklagt?

VIOLETTA *enthusiastisch.* Sie existiert nicht mehr... Jetzt liebe ich Alfredo, Und Gott hat sie aufgrund meiner Reue annulliert.

GERMONT. Das zeugt in der Tat von Edelmut.

VIOLETTA. O, wie angenehm mir Ihre Worte in den Ohren klingen!

GERMONT *erhebt sich.* Und diesem Edelmut verlange ich nun ein Opfer ab.

VIOLETTA *erhebt sich ebenfalls.* O nein, schweigen Sie! Sicher würden Sie etwas Schreckliches fordern... Ich habe es geahnt, ich hab's vorausgesehen: Ich war allzu glücklich...

GERMONT. Der Vater von Alfredo tritt hier ein Für das Glück und die Zukunft seiner beiden Kinder.

VIOLETTA. Seiner beiden Kinder?

GERMONT. Jawohl.
Gott schenkte mir eine Tochter so rein wie ein Engel;
Wenn nun Alfredo sich weigert, in den Schoß der Familie zurückzukehren,
So wird der junge Mann, der sie liebt und von ihr geliebt wird
Und der sich mit ihr vermählen sollte,
Von dem Vertrag zurücktreten, der sie sehr glücklich gemacht hat.
Verwandeln Sie also die Rosen der Liebe nicht in Dornen!
Euer Herz kann sich meiner inständigen Bitte nicht verschließen wollen.

VIOLETTA. Ah, ich verstehe, ich werde eine Zeitlang mich von Alfredo entfernt halten müssen... Das wird schmerzlich für mich werden, jedoch...

GERMONT. Nicht das ist es, was ich fordere.

VIOLETTA. Mein Gott, was wollen Sie dann? Ich bin Ihnen weit entgegengekommen!

GERMONT. Nicht weit genug.

VIOLETTA. Wollen Sie etwa, daß ich ihm für immer entsage?
GERMONT. Es ist unumgänglich.
VIOLETTA. O nein, niemals! Nein, niemals! Wissen Sie eigentlich, welche maßlose, lodernde Liebe mir im Busen brennt? Daß meine Freunde und meine Verwandten alle nicht mehr am Leben sind? Und daß Alfredo mir geschworen hat, daß er alles, alles für mich sein wird? Wissen Sie nicht, mit welch gräßlicher Krankheit mein Leben geschlagen ist Und daß ich sein Ende bereits nahen sehe? Ich soll mich von Alfredo trennen? Dieses Ansinnen ist derart erbarmungslos, daß ich es vorziehen werde zu sterben.
GERMONT. Gewaltig ist das Opfer; aber hören Sie mich in Ruhe an. Sie sind jung und schön. Mit der Zeit...
VIOLETTA. Kein Wort mehr! Was Sie wollen, weiß ich... Aber ich kann nicht... Ich will niemanden lieben als ihn.
GERMONT. Mag ja sein. Aber wandelbar ist des Menschen Sinn...
VIOLETTA *betroffen.* Großer Gott!
GERMONT. Wenn erst einmal die Zeit die Liebesfreuden verscheucht haben wird,
Wird sich bald die Langeweile einstellen. Und was dann?
Dann werden auch die zärtlichsten Empfindungen Ihnen keine Erquickung geben,
Weil Ihrer Verbindung der Segen des Himmels gebricht.
VIOLETTA. Das ist wahr, das ist wahr...
GERMONT. Schlagen Sie sich deshalb diesen verführerischen Traum aus dem Sinn
Und werden Sie zum rettenden Engel für meine Familie!
Kommen Sie, Violetta, denken Sie darüber nach, noch ist es Zeit!
Gott selbst ist es, Mädchen, der einem Vater diese Worte eingibt.
VIOLETTA *für sich, in äußerstem Schmerz.* So zerrinnt die Hoffnung der Gefallenen,
Sich aus ihrem Elend je wieder erheben zu können.
Auch wenn der gnädige Gott Nachsicht mit ihr üben sollte,
So wird das Urteil der Menschen immer unbarmherzig sein.
Sagen Sie also der jungen Dame, die so schön und rein ist,
Daß es da das Opfer einer unglücklichen Vorsehung gibt,
Welcher ein einziger Strahl der Hoffnung verblieb.
Den opfert sie ihr hin und geht in den Tod.
GERMONT. Weine, weine, du Unglückselige! Gewaltig ist das Opfer, das ich Dir abverlange. Auch ich fühle Deinen Schmerz in meiner Seele... Fasse Mut, und Dein edles Herz wird siegen!
VIOLETTA. Sagen Sie, was ich tun soll.
GERMONT. Behaupten Sie, ihn nicht mehr zu lieben.

VIOLETTA. Das wird er nicht glauben.
GERMONT. Dann gehen Sie einfach fort.
VIOLETTA. Er wird mir hinterherkommen.
GERMONT. Ja dann...
VIOLETTA. So nehmen Sie diese Tochter in Ihren Arm, das wird mir Kraft geben. In Kürze wird er zu Ihnen zurückkehren; doch wird er unsäglich traurig sein... Stehen Sie ihm dann mit Trost zur Seite! *Schreibt etwas*
GERMONT. Was haben Sie vor?
VIOLETTA. Erführen Sie es, würden Sie sich meinem Vorhaben entgegenstellen.
GERMONT. Großherzige! Und was kann ich für Sie tun?
VIOLETTA. Ich sterbe. Doch lassen Sie nicht zu, daß er mein Andenken verflucht. Es soll ihm wenigstens jemand von meiner furchtbaren Pein berichten.
GERMONT. Nein, Großherzige, Sie sollen leben, und zwar in Fröhlichkeit, Eines Tages werden Sie vom Himmel den Dank für diese Tränen erhalten.
VIOLETTA. Das Opfer soll er kennen, das aus Liebe ich erbrachte; Und diese Liebe wird ihm gelten bis zu meinem letzten Atemzug.
GERMONT. Sie werden für dieses Liebesopfer reich belohnt werden, Auf eine so edle Tat werden Sie einst stolz sein können.
VIOLETTA. Es kommt jemand! Gehen Sie!
GERMONT. Mein Herz ist von Dankbarkeit erfüllt.
VIOLETTA. Wir sehn uns vielleicht nie wieder.
BEIDE *umarmen einander.* Seien Sie glücklich! Adieu!

Die Tränen ersticken Violettas Worte.
Germont geht durch die Türe zum Garten hin ab.

NR. 9 SZENE UND DUETTINO

VIOLETTA. Himmel, gib mir Kraft! *Setzt sich und schreibt.*
ANNINA. Sie verlangten nach mir?
VIOLETTA. Jawohl. Überbring Du eigenhändig dieses Schreiben...
ANNINA. Oh!
VIOLETTA. Kein Wort darüber... und geh gleich los! Und nun muß ich ihm schreiben... Was soll ich ihm sagen? Woher nehme ich den Mut dazu?
ALFREDO *im Eintreten.* Was machst Du da?
VIOLETTA *verbirgt das Schreiben.* Gar nichts.
ALFREDO. Schriebst Du?

VIOLETTA *verwirrt.* Ja... vielmehr nein.
ALFREDO. Du bist verstört. An wen schriebst Du?
VIOLETTA. An Dich.
ALFREDO. Gib das Blatt her!
VIOLETTA. Jetzt nicht.
ALFREDO. Verzeih mir, ich bin in Sorge.
VIOLETTA. Was war los?
ALFREDO. Mein Vater ist eingetroffen.
VIOLETTA. Hast Du ihn gesehen?
ALFREDO. Nein. Aber er hinterließ mir einen strengen Brief. Trotzdem erwarte ich ihn; er wird Dich lieben, wenn er Dich sieht.
VIOLETTA *erregt.* Er soll mich hier nicht überraschen. Ich ziehe mich besser zurück. Besänftige Du ihn... *mühsam die Tränen unterdrückend* Ich werde mich zu seinen Füßen werfen, dann wird er uns nicht mehr getrennt sehen wollen... Wir werden glücklich sein, weil Du mich liebst, Alfredo. Du liebst mich doch, nicht wahr, Du liebst mich?
ALFREDO. So sehr! Warum weinst Du?
VIOLETTA. Ich bedurfte der Tränen; jetzt bin ich ruhig, siehst Du, ich lächle Dich an... Dort werd ich sein, inmitten der Blumen, nahe bei Dir, immer, immer nahe bei Dir. Lieb mich, Alfredo, lieb mich so, wie ich Dich liebe... Lebewohl!

NR. 10 SZENE UND ARIE

ALFREDO. Ach, allein für mich schlägt dieses liebende Herz! *Setzt sich und öffnet ein Buch* Es ist schon spät; kann sein, daß mein Vater heute nicht mehr kommt.
GIUSEPPE *tritt eilig ein.* Die gnädige Dame hat das Haus verlassen. Eine Kutsche wartete auf sie, sie ist schon unterwegs nach Paris. Annina ist allerdings schon vor ihr verschwunden.
ALFREDO. Ich weiß, beruhige Dich!
GIUSEPPE. (Was soll das heißen?)
ALFREDO. Vielleicht will sie den Verlust ihrer letzten Habseligkeiten beschleunigen; aber Annina wird sie daran hindern.

Man sieht den Vater den Garten durchqueren

Da ist jemand im Garten... Wer ist da?
EIN BOTE. Der Herr Germont?
ALFREDO. Der bin ich.

La Traviata   Zweiter Akt, Nr. 10 Szene und Arie

EIN BOTE. Eine Dame in einer Kutsche gab mir nicht weit von hier diesen Brief für Sie. *Übergibt Alfredo einen Brief*
ALFREDO. Von Violetta! Wieso bin ich beunruhigt? Vielleicht möchte sie, daß ich nachkomme... Ich zittre! Himmel! Nicht gezaudert! *Öffnet den Brief* »Alfredo, wenn dieses Schreiben Dich erreicht...« *Ein Aufschrei. Dreht sich um und findet sich in den Armen des Vaters wieder* Mein Vater!
GERMONT. Mein Sohn! O wie Du leidest! Trockne Deine Tränen und kehre zurück, Du Deines Vaters Stolz und Kleinod!

Alfredo setzt sich verzweifelt an den Tisch und verbirgt das Gesicht in seinen Händen

Das Meer, das Gefilde der Provence,
Wer verbannte sie aus Deinem Herzen?
Welches Los erwartete Dich
Im Sonnenglanz Deiner Heimat?
Ach gedenke doch im Schmerz,
Welches Glück Dir dort erstrahlte
Und welcher Friede dort allein
Wieder über Dir erglänzen kann...
Gott ist es, der mich zu Dir führt!

Ach, Dein alter Vater,
Du weißt nicht, was er zu leiden hatte.
Durch Deinen Weggang
Kam Schande über sein Haus.
Aber wenn ich Dich nun endlich wiederfinde,
Wenn meine Hoffnung nicht fehlging,
Wenn die Stimme der Ehre
In Dir nicht völlig verstummt ist,
So hat mich Gott erhört.

Schüttelt Alfredo Antwortest Du nichts auf die Liebesbezeugung eines Vaters?
ALFREDO. Tausend Schlangen zerfressen mir die Brust... *schiebt den Vater von sich* Verlassen Sie mich!
GERMONT. Verlassen soll ich Dich!
ALFREDO. Rache!
GERMONT. Zögre nicht länger, beeil Dich!

ALFREDO. Das war Douphol!
GERMONT. Hörst Du mir überhaupt zu?
ALFREDO. Nein!
GERMONT. So hab ich Dich vergebens aufgesucht?

    Nein, ich werde Dir keine Vorwürfe machen,
    Wir vergessen, was geschehen ist:
    Die Liebe, die mich hierher führte,
    Weiß alles zu vergeben.
    Komm, Du wirst sehen, daß Deine Lieben,
    Gleich mir, mit Jubel Dich empfangen;
    Verwehre diese Freude nicht dem,
    Der vordem Marter litt.
    So eile Dich, einem Vater
    Und einer Schwester Trost zu erteilen!
ALFREDO. Ha, sie ist auf dem Fest! Nichts wie hin, um diese Schmach zu rächen!
    Stürzt eilends davon, der Vater folgt ihm.
GERMONT. Was sagst Du? Halt ein!

NR. 11 ANFANG DES ZWEITEN FINALE

Galerie in Floras Palast, reich ausgestattet und erleuchtet. Hinten eine Türe und zwei auf den Seiten. Rechts vorne eine Tafel mit allem, was man zum Spiel benötigt. Links ein kostbarer Tisch mit Blumen und Erfrischungen. Einige Stühle und ein Divan.

FLORA. Heute Nacht vergnügen wir uns mit Maskerade; der Visconte führt sie an. Auch Violetta und Alfredo hab ich eingeladen.
MARCHESE. Wißt Ihr noch nicht das Neueste? Violetta und Germont sind auseinander.
FLORA, GRENVIL. Tatsächlich?
MARCHESE. Sie wird mit dem Baron erscheinen.
GRENVIL. Gestern sah ich die beiden noch, sie schienen mir glücklich.
FLORA. Still! Hört Ihr?
FLORA, GRENVIL, MARCHESE. Die Freunde kommen.

NR. 12 CHOR DER ZIGEUNERINNEN

Der eine Teil der Zigeunerinnen hält einen Schlägel in der Hand, der andere eine kleine Trommel

CHOR. Wir sind Zigeunermädchen, aus fernem Land gekommen;
Jedem lesen wir aus der Hand das Schicksal.
Wenn wir die Sterne befragen,
Bleibt uns nichts verborgen;
So können wir die Wechselfälle der Zukunft
Den anderen vorhersagen.

Sollen wir mal sehen?
Sie, gnädige Frau, haben eine Menge Rivalinnen...
Marchese, Sie sind kein Muster an Treue.
FLORA. Ach, spielen Sie immernoch den Galan? Das sollen Sie mir bezahlen.
MARCHESE. Was zum Teufel denken Sie von mir? Das ist eine falsche Beschuldigung.
FLORA. Eher versetzt der Fuchs seinen Pelz als daß er sein Laster aufgibt.
Mein lieber Marchese, nun aber Vorsicht, sonst werden Sie es bereuen.
FLORA, GRENVIL, CHOR. Los, los, breitet einen Schleier über die Vergangenheit;
Was geschehen ist, ist geschehen, habt Acht auf das, was kommt.

Flora und der Marchese drücken sich die Hand

NR. 13 CHOR DER SPANISCHEN STIERFECHTER

Gaston und andere sind als Stierkämpfer verkleidet und kommen lebhaft herein

GASTONE, CHOR. Wir sind die Matadore aus Madrid,
  Wir sind die Helden der Arena
  Wir sind hier um den Klamauk zu erleben,
  Den man nirgends so beherrscht wie in Paris.
  Und, wenn Ihr wollt, erzählen wir,
  Was für tolle Liebhaber wir sind.
FLORA, GRENVIL, MARCHESE. Ja natürlich, erzählt uns, erzählt,
  Wir hören mit Vergnügen zu.
GASTONE, CHOR. Piquillo war ein hübscher Bursche,
  Ein Matador aus der Biscaya,
  Stark war sein Arm, kühn sein Blick,
  Er war der König der Wettkämpfe.
  Er war irrsinnig verliebt
  In ein junges andalusisches Mädchen,
  Doch die spröde Schöne
  Sprach so zu dem Jungen:
  Erst sollst Du mir an einem einzigen Tag
  Fünf Stiere erlegen,
  Und, solltest Du siegen,
  Werde ich Dir Hand und Herz schenken.
  Gut, sprach er, und zum Wettstreit
  Schritt der Matador sofort,
  Fünf Stiere streckte der Streiter
  In der Arena nieder.
  So bewies sich der gute Junge
  Als ein tüchtiger Matador,
  Und dem jungen Mädchen bewies er seine Liebe
  Genau auf dieselbe Weise.
  Als er dann unter großem Applaus
  Zu seiner Herzallerliebsten zurückkehrte,
  Konnte er in ihren liebenden Armen
  Seinen Lohn in Empfang nehmen.
FLORA, GRENVIL, MARCHESE. Durch solche Beweise gelingt es den Matadoren,
  Die Schönen zu erobern.

GASTONE, CHOR. Doch hier sind die Gemüter milder,
Uns reicht es, über die Stränge zu schlagen.
ALLE. Ja, wir fordern jetzt die Launen des Schicksals heraus
Und öffnen den Saal für die tollkühnen Spieler.

Die Männer nehmen die Masken ab. Einige flanieren herum, andere setzen sich zum Spiel. Alfredo tritt ein.

NR. 14 SEPTETT MIT CHOR

FLORA, GASTONE, GRENVIL, MARCHESE, CHOR. Alfredo! Sie?
ALFREDO. Jawohl, meine Freunde...
FLORA. Und Violetta?
ALFREDO. Weiß ich nicht.
ALLE AUSSER ALFREDO. Sehr unbefangen! Bravo! Los, los, jetzt wird gespielt!

Gaston mischt die Karten, Alfredo und andere ziehen. Violetta tritt ein am Arm des Barons, Flora geht ihnen entgegen.

FLORA. Dein Kommen freut mich sehr.
VIOLETTA. Ich komme Deiner freundlichen Einladung nach.
FLORA. Ich bin Ihnen sehr dankbar, Baron, daß Ihr mir das Vergnügen vergönnt.
BARON. Germont ist hier, sehen Sie ihn?
VIOLETTA. (O Gott! Tatsächlich.) Ich seh ihn.
BARON. Sie richten kein einziges Wörtchen an diesen Alfredo, kein einziges!
VIOLETTA *für sich*. (Warum nur war ich so unvorsichtig zu kommen? Großer Gott, hab Erbarmen mit mir!)

Flora lädt Violetta ein, neben ihr auf dem Divan Platz zu nehmen. Grenvil nähert sich ihnen. Der Marchese nimmt den Baron in Beschlag.

FLORA. Setz Dich zu mir, erzähle! Wie ich sehe, gibt es Neuigkeiten.
ALFREDO. Ein Vierer!
GASTONE. Er hat schon wieder gewonnen.
ALFREDO. Unglück in der Liebe bringt Glück im Spiel.
GASTONE, MARCHESE, CHOR. Immer gewinnt er!
ALFREDO. O ja, ich werde heute Abend gewinnen, und danach werde ich mit dem eingenommenen Geld gesegnet aufs Land zurückkehren, um es dort zu genießen.

FLORA. Alleine?
ALFREDO. Nein, nein! Mit der zusammen, die einmal die Meine war und mir dann entlief.
VIOLETTA. (Mein Gott!)
GASTONE *zu Alfredo.* Haben Sie Mitleid mit ihr.
BARON *mit kaum unterdrückter Wut.* Mein Herr!
VIOLETTA *leise zum Baron.* Zügeln Sie sich oder ich gehe.
ALFREDO *unbefangen.* Baron, sprachen Sie mich an?
BARON. Sie haben gerade so viel Glück, daß Sie mich zum Spielen verleiten.
ALFREDO *ironisch.* Ach ja? Diese Herausforderung nehme ich an.
VIOLETTA *für sich.* (Was wird das geben? Ich glaube, ich sterbe! Gott, hab Erbarmen mit mir!)
BARON. Hundert Louis d'or auf die rechte...
ALFREDO. Und hundert auf die linke...
GASTONE. Ein As... und ein Bube... Du hast gewonnen!
BARON. Das Doppelte?
ALFREDO. Das Doppelte!
GASTONE. Ein Vierer... und ein Siebener
GRENVIL, MARCHESE, CHOR. Schon wieder!
ALFREDO. Klar, der Sieg ist mein!
GASTONE, GRENVIL, MARCHESE, CHOR. Respekt, Respekt! Das Schicksal schlägt sich auf Alfredos Seite.
FLORA. Ich sehe es kommen, der Baron wird für den Landaufenthalt aufkommen müssen.
ALFREDO. Nur weiter so!
EIN DIENER. Das Mahl ist bereitet.
FLORA, GASTONE, GRENVIL, MARCHESE, CHOR. Gehn wir zu Tisch.

Alle verlassen den Raum, nur Alfredo und der Baron bleiben zurück.

ALFREDO. Wir können gerne fortsetzen, wenn es Ihnen genehm ist.
BARON. Im Augenblick sind wir verhindert, aber später kommt die Revanche.
ALFREDO. Welches Spiel auch immer Sie wünschen.
BARON. Gehn wir hinüber zu den Freunden. Später...
ALFREDO. Ich bin für alles zu haben. Nun weiter.
BARON. Gehen wir!

VIOLETTA *kommt atemlos zurück.* Ich forderte ihn auf, mir hierher zu folgen. Wird er kommen? Wird er mich anhören? Doch, gewiß. Ach, warum nur vermag sein schrecklicher Haß mehr als meine Worte?
ALFREDO. Sie verlangten nach mir? Was begehren Sie?
VIOLETTA. Verlassen Sie diesen Ort, Sie sind in Gefahr...
ALFREDO. Ich verstehe. Genug jetzt! Für so feige halten Sie mich?
VIOLETTA. O nein, keineswegs.
ALFREDO. Aber was befürchten Sie?
VIOLETTA. Des Barons wegen ist mir bange.
ALFREDO. Nun ja, wir sind Todfeinde. Sollte er durch meine Hand fallen,
So verlören Sie mit dem Geliebten zugleich Ihren Beschützer.
Diese Bosheit macht Sie erschaudern?
VIOLETTA. Doch wie, wenn er der Mörder wäre? Das ist das einzige Unglück,
Das mich wirklich schreckt.
ALFREDO. Was schert Sie mein Tod?
VIOLETTA. Schnell, gehen Sie!
ALFREDO. Ich werde gehn, aber zuerst schwöre Du mir, daß Du mir überallhin folgen wirst.
VIOLETTA. O nein, niemals.
ALFREDO. Nein? Niemals?
VIOLETTA. Geh, Unglückseliger! Tilge meinen schandebehafteten Namen aus Deinem Gedächtnis! Geh, verlaß mich, auf der Stelle! Dich zu meiden tat ich ein heiliges Gelübde.
ALFREDO. Wem gegenüber? Sprich! Wer konnte es wagen?
VIOLETTA. Der, der volles Recht besaß, es zu verlangen.
ALFREDO. Douphol etwa?
VIOLETTA. Ja.
ALFREDO. Du liebst ihn also?
VIOLETTA. Nun gut... ich liebe ihn.
ALFREDO *läuft wutentbrannt zur Tür und stößt sie auf.* Hört alle her!
ALLE AUSSER ALFREDO UND VIOLETTA *treten ungeordnet ein.* Sie haben uns gerufen? Was gibt es?
ALFREDO *zeigt auf Violetta.* Ihr kennt alle diese Dame hier?
ALLE AUSSER ALFREDO UND VIOLETTA. Wen? Violetta?
ALFREDO. Aber ihr wißt noch nicht, was sie tat?
VIOLETTA. (O schweig!)
ALLE AUSSER ALFREDO UND VIOLETTA. Nein.

ALFREDO. Diese Frau versetzte aus Liebe zu mir all ihren Besitz.
  Ich war verblendet, feige, armselig genug, es zuzulassen.
  Doch noch ist's Zeit, ich habe vor, diese Schande abzuwischen.
  Euch rufe ich zu Zeugen, daß ich sie ausbezahlt.
GASTONE, BARON, MARCHESE, GRENVIL, CHOR. Welch eine Niederträchtigkeit begingst
  Du da!
  Du zerstörtest so ein empfindsames Herz!
  Entferne Dich von hier, Du ehrloser Frauenbeleidiger,
  Du hast genug Entsetzen erregt!

Mittlerweile ist Germont eingetreten.

NR. 15 SCHLUSS DES ZWEITEN FINALE, OKTETT MIT CHOR

GERMONT *in würdevollem Zorn.* Gerechter Verachtung gibt selbst sich preis,
  Wer, sei's auch im Zorne, eine Frau angreift.
  Wo ist mein Sohn? Ich seh ihn nicht mehr;
  In Dir, Alfredo, kann ich ihn nicht erblicken.
ALFREDO *für sich.* Oh, oh, was tat ich, ich fühl ein Grausen!
  Rasende Eifersucht, enttäuschte Liebe
  Zerreißen mir die Seele, ich kann nicht mehr denken,
  Ich kann nicht hoffen, daß sie mir vergibt.
  Ich wollte sie fliehen, doch habe ich es nicht vermocht;
  Vom Zorn getrieben kam ich hierher.
  Nun da ich die Verachtung entfesselt habe,
  Beschuldigt mich mein Gewissen.
FLORA, GASTONE, GRENVIL, MARCHESE, CHOR *zu Violetta.*
  Oh, wie Du leidest, doch unser Herz
  Leidet mit dem Deinen mit.
  Von treuen Freunden bist Du umgeben,
  Trockne die Tränen, die Dir entronnen.
GERMONT *für sich.* (Ich bin hier der Einzige, dem bewußt ist,
  Welche Tugend in der Brust dieser Ärmsten wohnt;
  Sie liebt ihn, das weiß ich, und sie ist ihm treu,
  Und dennoch muß ich so grausam sein zu schweigen.)
BARON *leise zu Alfredo.* Die grobe Schmähung dieser Dame
  Hat alle hier empört;

Doch nicht umsonst soll diese Schandtat gewesen sein:
Ich werde in Erfahrung bringen,
Ob ich Ihren Hochmut nicht dämpfen kann.
VIOLETTA *zart, aber leidenschaftlich.* Alfredo, Alfredo,
Du kannst die Liebe dieses Herzens nicht ermessen,
Und Du weißt nicht, daß ich sie Dir selbst um den Preis Deiner Verachtung bewiesen habe.
Aber es wird eine Zeit kommen, in der Du begreifst,
Wie sehr ich Dich geliebt habe, dessen sei gewiß.
Gott möge Dich dann aus Deiner Gewissensnot erretten;
Ach, im Tod noch werde ich Dich lieben.

DRITTER AKT

Violettas Schlafzimmer. Im Hintergrund ein Bett mit halbgeöffneten Vorhängen. Ein Fenster, das von innen durch eine Jalousie verdunkelt ist. Neben dem Bett ein Schränkchen, auf dem eine Flasche Wasser, ein gläserner Becher und verschiedene Arzneimittel stehen. Im Zentrum der Bühne ein Toilettenschrank, daneben ein Sofa, etwas entfernt ein weiteres Möbelstück, auf dem ein Nachtlicht brennt. Links eine Tür, gegenüber ein Kamin, in dem Feuer brennt.
Violetta liegt im Bett und schläft. Annina sitzt halb eingeschlafen am Kamin.

NR. 16 VORSPIEL, ERSTE SZENE UND ARIE

VIOLETTA *erwachend.* Annina?
ANNINA *verwirrt sich aufrichtend.* Zu Diensten!
VIOLETTA. Du schliefst? Das tut mir leid.
ANNINA. Verzeihen Sie bitte.
VIOLETTA. Gib mir einen Schluck Wasser. Sag mal... ist es schon Tag?
ANNINA. Es ist sieben Uhr.
VIOLETTA. Laß ein wenig Licht herein.
ANNINA *öffnet die Jalousie und blickt auf die Straße.* Der Herr Grenvil...
VIOLETTA. O, der treue Freund! Ich möchte aufstehn. Hilf mir.

Sie schickt sich an aufzustehen, sinkt aber zurück. Auf Annina gestützt geht sie langsam zum Sofa. Der Doktor kommt gerade rechtzeitig, um sie aufzurichten.

Wie gut Sie sind! Sie dachten genau im richtigen Augenblick an mich.
GRENVIL *fühlt ihr den Puls.* So ist's. Wie fühlen Sie sich?
VIOLETTA. Mein Körper leidet, aber mein Geist ist ruhig. Mir spendete gestern ein Priester Trost. Ach, Religion ist Labsal für die Kranken.
GRENVIL. Und heute Nacht?
VIOLETTA. Ich hatte einen ruhigen Schlaf.
GRENVIL. Dann fassen Sie Mut! Die Genesung ist nicht fern...
VIOLETTA. O, den Ärzten ist die fromme Lüge gestattet!
GRENVIL *gibt ihr die Hand.* Adieu, bis später.
VIOLETTA. Vergessen Sie mich nicht.

Der Doktor geht, Annina geleitet ihn.

ANNINA. Wie steht es, mein Herr?
GRENVIL. Die Schwindsucht gewährt ihr nur noch wenige Stunden.
ANNINA *zu Violetta zurückgekehrt.* Schöpfen Sie nun Zuversicht!
VIOLETTA. Ist heute ein Feiertag?
ANNINA. Ganz Paris ist außer Rand und Band... es ist Karneval.
VIOLETTA. Gott weiß, wieviele Unglückliche bei dieser ganzen Ausgelassenheit zu leiden haben. Wieviel Geld ist in dieser Schatulle?
ANNINA *öffnet sie und zählt das Geld.* Zwanzig Louis d'or.
VIOLETTA. Dann gib zehn davon gleich den Armen.
ANNINA. Ihnen bleibt dann nicht mehr viel.
VIOLETTA. Mir wird es reichen. Dann geh noch nach der Post sehen.
ANNINA. Und Sie?
VIOLETTA. Ich brauche nichts. Beeil Dich, wenn Du kannst.

Annina geht ab.

VIOLETTA *zieht aus dem Busen einen Brief und liest mit tonloser Stimme, aber im Tempo.* »Sie hielten Ihr Versprechen. Das Duell fand statt. Der Baron wurde verwundet, befindet sich aber auf dem Weg der Besserung. Alfredo hat sich ins Ausland abgesetzt. Das Opfer, das Sie erbrachten, habe ich ihm enthüllt. Er wird zu Ihnen zurückkehren, um Vergebung zu erbitten; ich indessen... Pflegen Sie sich, Sie verdienen bessere Tage... Giorgio Germont.«
Mit Grabesstimme
Es ist zu spät!
Ich warte und warte, aber sie kommen nie!
Blickt in den Spiegel Oh, wie ich mich verändert habe!
Und doch ermuntert mich der Doktor zu hoffen!
Ach, bei dieser Krankheit ist alle Hoffnung vergebens!

So seid nun entlassen, ihr glücklichen Träume,
Verblichen ist längst schon die Farbe der Wangen;
Die Liebe Alfredos vor allem entbehr ich,
Die meinem matten Gemüt Stütze und Labung war.
Gott, blicke gnädig auf den Wunsch der Verirrten,
Vergib ihr die Schuld und empfange sie gütig.
Ach, alles, alles dahin!
Die Freuden, die Schmerzen sind bald schon zu Ende,

das Grab setzt dem sterblichen Leben die Grenze.
Nicht Tränen noch Blüten streut man mir in die Grube,
Kein Kreuz mit meinem Namen wird man über meinem Gebein errichten.
Gott, blicke gnädig auf den Wunsch der Verirrten,
Vergib ihr die Schuld und empfange sie gütig.
Ach, alles, alles dahin!

NR. 17 BACCHANAL

CHOR. Platz für den vierbeinigen Herrn dieses Festes,
  Dessen Haupt mit Blumen und Reben bekränzt ist,
  Platz für den gelehrsamsten aller Gehörnten,
  Laßt uns mit Trompeten und Pfeifen ihn begrüßen.
  Ihr Pariser, macht den Weg frei
  Für den siegreichen fetten Ochsen!
  Asien noch Afrika kennt keinen schöneren,
  Er ist der Stolz jedes Metzgers...
  Muntre Maskierte, närrische Burschen,
  Spendet ihm Beifall mit Singen und Klingen!

NR. 18 SZENE UND DUETT

ANNINA *kehrt eilig zurück. Zögernd.* Gnädige Frau...
VIOLETTA. Was ist los?
ANNINA. Heute fühlen Sie sich bestimmt besser, nicht wahr?
VIOLETTA. Stimmt. Wieso?
ANNINA. Versprechen Sie mir, ruhig zu bleiben?
VIOLETTA. Ja, aber was gibt es denn?
ANNINA. Ich wollte Sie auf eine unerwartete Freude vorbereiten...
VIOLETTA. Eine Freude, hast Du gesagt?
ANNINA. Ja, meine Herrin.
VIOLETTA. Alfredo? Du sahst ihn? Er kommt, er kommt, beeil Dich!

Alfredo erscheint.

VIOLETTA. Alfredo! Geliebter Alfredo, welche Freude!
ALFREDO. Ach, meine Violetta, welche Freude!
  Ich bin schuld, ich weiß alles, meine Liebste...

VIOLETTA. Und ich weiß, daß ich Dich endlich wiederhabe.
ALFREDO. Der Schlag meines Herzens zeugt davon, wie sehr ich Dich liebe,
    Ohne Dich könnte ich nicht mehr sein.
VIOLETTA. Ach daß Du mich noch lebend angetroffen hast!
    Wisse, daß der Schmerz mich beinahe umgebracht hätte.
ALFREDO. Entschlag Dich der Bangigkeit, Du meine Angebetete,
    Und verzeih mir und meinem Vater.
VIOLETTA. Ich Dir verzeihen? Aber ich bin doch die Schuldige!
    Doch Liebe allein hat mich dazu gemacht.
BEIDE. Nicht Mensch noch Dämon werden mich, mein Engel,
    Künftig von Dir trennen können.
ALFREDO. Wir werden, o Liebste, Paris nun hinter uns lassen
    Und vereint unseren Lebensweg beschreiten;
    Für die durchlittenen Ängste wird Dir Ausgleich zuteil werden,
    Deine Gesundheit wird wieder aufblühen.
    Du wirst Licht und Luft meines Lebens sein,
    Und die Zukunft wird uns freundlich entgegenlächeln.
VIOLETTA. Wir werden, o Liebster, Paris nun hinter uns lassen
    Und vereint unseren Lebensweg beschreiten;
    Für die durchlittenen Ängste wird mir Ausgleich zuteil werden,
    Meine Gesundheit wird wieder aufblühen.
    Du wirst Licht und Luft meines Lebens sein,
    Und die Zukunft wird uns freundlich entgegenlächeln.

So, nun genug.
    Laß uns in die Kirche gehen und Gott für Deine Rückkehr danken. *Wankt*
ALFREDO. Du erbleichst!
VIOLETTA. Nur keine Sorge! Unverhoffte Freude tritt nie in ein betrübtes Herz,
    Ohne es zu verstören. *Sie sinkt erschöpft auf einen Stuhl.*
ALFREDO *Bestürzt, sie stützend.* Mein Gott, Violetta!
VIOLETTA. Es ist mein Leiden! Ein Schwächeanfall. *Sich zusammennehmend* Doch
    nun kehrt meine Kraft zurück, siehst Du? Ich lächle...
ALFREDO *verzweifelt.* (O grausames Schicksal!)
VIOLETTA. Es war doch nichts. Annina, gib mir die Kleider.
ALFREDO. Wie, jetzt? Warte!
VIOLETTA *erhebt sich.* Nichts da! Ich will hinausgehn.

Annina hält Violetta eine Jacke hin; Violetta schickt sich an, diese anzuziehen, ist aber zu schwach und ruft voll Entsetzen aus:

VIOLETTA. Großer Gott, ich kann es nicht!

Wirft die Jacke ärgerlich fort und sinkt zurück auf den Stuhl.

ALFREDO. Himmel, was seh ich! Hol schnell den Doktor!
VIOLETTA. Ja, und sag ihm... sag ihm, daß Alfredo wieder da ist
Und daß er ... mich wieder liebt, und sag ihm,
Daß ich weiterleben will, hörst Du, weiterleben! *Annina geht.*
Zu Alfredo gewandt Aber wenn Deine Rückkehr mich nicht gerettet hat,
So gibt es nichts auf der Welt, das mich noch retten kann.
Auffahrend O Gott! So jung zu sterben, ich die so viel gelitten hat!
Zu sterben so nah dem Augenblick, an dem meine Tränen abgewischt worden wären!
Eitel Wahn also war die Hoffnung, der ich mich leichtgläubig hingab,
Und umsonst habe ich mein Herz mit Beständigkeit gerüstet.
ALFREDO. O Du mein Geist und mein Leben, du meines Herzens Freude, Mit Deinen Tränen müssen meine sich vermengen. Doch glaub mir, mehr als je bedarf ich Deiner Beständigkeit, Der Hoffnung verschließ Dein Herz nicht ganz!
VIOLETTA. Ach, Alfredo, das gräßliche Ende...
ALFREDO. Meine Violetta, so beruhige Dich!
VIOLETTA. ... das unserer Liebe bevorsteht...
ALFREDO. Dein Schmerz bringt mich um!

NR. 19 SCHLUSSSZENE

GERMONT *eintretend.* Ach, Violetta!
VIOLETTA. Sie, mein Herr?
ALFREDO. Mein Vater!
VIOLETTA. Sie haben mich nicht vergessen?
GERMONT. Mein Versprechen erfülle ich.
Ich komme, um diese meine Tochter an die Brust zu drücken, Du Großmütige!
VIOLETTA. O weh, Sie kommen zu spät! *Umarmt ihn.* Doch danke ich Ihnen.
Sehen Sie, Grenvil, ich werde mein Leben in den Armen derer aushauchen,
Die mich lieben.

GERMONT. Was sagen Sie da? *Beobachtet Violetta*
O Gott, tatsächlich!
ALFREDO. Siehst Du sie, mein Vater?
Germont Foltre mich nicht noch mehr, genug schon zerfrißt die Reue mein Gewissen.
Jedes ihrer Worte trifft mich wie ein Blitzstrahl...

Violetta öffnet ein Kästchen und entnimmt ihm ein Medaillon.

GERMONT. O ich törichter Alter! Erst jetzt seh ich das Unheil, das ich schuf!
VIOLETTA *zu Alfredo.* Komm näher zu mir, geliebter Alfredo, und höre.
düster
Nimm... dies ist ein Bild von mir aus früheren Tagen,
Es soll Dir die in Erinnerung rufen, die Dich so sehr geliebt.
ALFREDO. Nein, nein, Du wirst nicht sterben, sag das nicht,
Leben sollst Du, meine Liebste,
Einer so schrecklichen Pein wird Gott mich doch nicht aussetzen!
GERMONT. Teures, erhabnes Opfer einer verhängnisvollen Liebe,
Vergib mir die Pein, die ich Deinem guten Herzen bereitet habe.
VIOLETTA. Schenkt einst Dir eine Jünglingin
In zarter Jugendblüte
Ihr Herz, nimm sie
Zur Frau, ich will es so.
Zeig ihr dann dieses Bildnis
Und sag, es sei das Geschenk
Einer, die im Kreis der Engel
Für sie und für Dich betet.
ANNINA, GERMONT, GRENVIL. Solang mein Auge Tränen hat,
Wird es Dich beweinen.
Heb Du Dich auf zu den Gesegneten,
Gott ruft Dich zu sich.
ALFREDO. So rasch, nein, nein, kann der Tod
Dich doch nicht von mir trennen.
Leben mußt Du, leben,
Oder ein Sarg wird mir zur Braut.
VIOLETTA *auflebend.* Wie seltsam!
ANNINA, ALFREDO, GERMONT, GRENVIL. Was?

VIOLETTA. Die schmerzhaften Krämpfe haben aufgehört...
  Ich verspüre in mir neue Kraft sich regen!...
  Ich... ich glaube... ich kehre zurück ins Leben!! Welch ein Glück!
  Stürzt auf das Sofa
ANNINA, GERMONT, GRENVIL. Himmel! Sie stirbt!
ALFREDO. Violetta?
ANNINA, GERMONT. Hilf, gütiger Gott!
GRENVIL *nachdem er ihren Puls gefühlt hat.* Es ist vorbei!
ANNINA, ALFREDO, GERMONT. Wie entsetzlich!

Michael Hoyer

Zur Verschränkung von Text und Musik in Verdis La Traviata

Im Unterschied zu manch anderen Opern Verdis gehorcht die Traviata einem schlüssigen Entwurf; ihre Handlung hat keine Brüche, ihre Sprache weist keine Inkonsequenzen auf, ihre Personen unterliegen keinen unerklärlichen Wandlungen. In ihr erklärt sich das Einzelne aus dem Ganzen: daher hat es keinen Sinn, das Einzelne zu entwickeln, ohne seine Verortung im Ganzen geklärt und beständig im Auge zu haben. Wenn begreiflich werden soll, warum Alfredo im Finale des 2. Akts Violetta das im Spiel gewonnene Geld als Bezahlung vor die Füße wirft, muß im ersten Akt deutlich gemacht worden sein, daß seine Liebe zu Violetta sich nicht durch ein Heftiger oder Begehrender von jener unterscheidet, mit der sie die anderen Liebhaber umschwärmen, sondern daß sie von grundsätzlich anderer Natur ist. Seine Aussage, daß niemand sie liebe außer ihm selbst, muß in völligem Ernst verstanden werden und bezeichnet einen fundamentalen Unterschied im Begriff dessen, was Liebe meint. Alfredo kann sich vorstellen, daß diese Liebe sich in einer »Wächterschaft über die Ruhe/Sanftheit ihrer Tage« äußern könnte - also durchaus nicht in wilden Nächten und rasenden Pulsschlägen. Wenn er sagt: »Wenn Sie so weitermachen, bringen Sie sich um«, gibt dies zu erkennen, daß er um ihren Zustand weiß und ihre Lage zutreffend einschätzt; und das qualitativ Einzigartige seiner Liebe zu ihr drückt sich gerade darin aus, daß er sie nicht dazu bewegen will, statt mit den anderen hinfort mit ihm weiterzumachen, sondern ihr Leben zu ändern, Schonung und Geruhsamkeit an die Stelle von Trubel und Ausschweifung treten zu lassen. Die Rückkehr Violettas in die Salons muß er also als Zurückweisung dieser besonderen Art seines Liebens verstehen, welche sein Verhältnis zu Violetta rückwirkend dem der anderen zu ihr gleichartig macht und entsprechend mit gleicher Münze, also mit

Geld, bezahlt werden muß. Alfredo verletzt, weil er sich selbst in seinem heiligsten Empfinden verletzt fühlt. Um aber dieses verständlich zu machen, muß peinlich darauf geachtet werden, daß Alfredo bei der ersten Begegnung mit Violetta in keinem Augenblick aus einem körperlichen Impuls heraus handelt, denn sonst wäre er, in seinem Sinne gesprochen, eben doch nicht der einzige, der sie liebt, sondern einer von vielen.

Ich mache diese Ausführungen, um zu demonstrieren, daß man in dieser Oper nicht eine Szene oder einen Handlungsausschnitt bearbeiten kann, ohne genau in Betracht zu ziehen, worauf das Ganze hinauswill. Jeder falsche Schritt an einer beliebigen Stelle des Werks, so unschuldig er auch daherkommt, macht einen anderen oder die Oper in ihrer Gesamtheit unplausibel oder schwächt zumindest ihre Aussage ab. (Diese bestünde, am Rande bemerkt, darin, daß auch eine Tätigkeit, die heute nicht ganz zutreffend als Prostitution bezeichnet würde, eine Frau nicht kurzerhand zur Ware macht - oder, im Begriff des Operntitels gesprochen: Wer vom Wege abkommt, hört deswegen längst nicht auf, Mensch zu sein.) Und ich habe mich zuächst, um die Problematik in eingängiger Weise aufzuzeigen, hierbei ausschließlich auf die Dramenhandlung bezogen und die Musik noch unberücksichtigt gelassen, die ihrerseits die Gegebenheiten des Dramas in akribischster Weise aufgreift, verdeutlicht und zuspitzt, so daß der Spielraum, welcher dem Interpreten verbleibt, denkbar eng wird. Aber das ist die Natur von großen Kunstwerken, daß sie den Interpreten viel zu suchen und wenig zu deuten geben, weil sie eben zu Ende gedacht sind. Ohne dieses ebenso geduldige wie nimmersatte Ergründenwollen wird niemand eine überzeugende und zugleich werkgerechte Aufführung der Traviata zustandebringen; und jenes Aufspüren dessen, was Piave und Verdi mit frappierender künstlerischer Intelligenz in dieses Werk verwoben haben, kann nicht gelingen ohne eine nicht nur gründliche, sondern umfassende und lückenlose Kenntnis von Text und Komposition, die es erlaubt, bei der Betrachtung eines einzelnen Augenblicks jeden beliebigen anderen zu vergegenwärtigen.

Als Gaston Alfredo mit Violetta bekanntmacht, stellt er ihn als einen vor, »der Sie ebenfalls sehr verehrt«, fügt dem aber sogleich hinzu, »es gibt wenige Freunde wie ihn.« Violetta bedankt sich artig, alles bleibt also bis dahin im Konventionellen. Etwas später nimmt Gaston Violetta beiseite, um ihr etwas über Alfredo zu berichten, was offenbar nicht für die Allgemeinheit bestimmt ist: Er denke ohne Unterlaß an sie und habe sich, während sie krank war, täglich bei ihm mit großer Anteilnahme nach ihrem Befinden erkundigt. Wie im weiteren Verlauf bis kurz vor der Kamelienübergabe, zeigt Violetta, daß sie eine solche Einstellung für irreal hält. Ihre Zurückweisung der Darstellung Gastons vollzieht sich in vier Stufen: 1. Sie zieht sie in Zweifel (»Machen Sie Scherze?«); 2. Sie widerspricht (»Hören Sie auf damit, ich bin nichts für ihn«); 3. Sie stellt Alfredo zur Rede und äußert, als dieser die Darstellung Gastons bestätigt, ihr Unverständnis; 4. Sie spricht Alfredo ihren Dank aus und verlagert das, was für ihn Herzensangelegenheit ist, auf diese Weise ins Formelle. Ihr Vorstellungsvermögen erlaubt allein, Alfredos Anteilnahme und Zuneigung als übergroßes Kompliment zu verstehen, auf das man reagiert wie auf eine besonders ausgesuchte Gefälligkeit. Dies wird umso deutlicher, wenn sie gleich darauf das Verhalten Alfredos benutzt, um den Baron in Verlegenheit zu bringen. Wenn sie diesem vorhält, so etwas sei ihr von ihm noch nicht widerfahren, stellt sie das Handeln Alfredos in eine Reihe mit den Aufmerksamkeiten, durch welche die männlichen Verehrer sich die Gunst solcher Damen wie sie zu erwerben und zu erhalten streben, und stachelt den Baron zugleich zu größeren Anstrengungen an. Dieser reagiert, wie geplant, mit dem Ausdruck seiner Abneigung gegen Alfredo, die Flora, ihrer Freundin Beihilfe leistend, zu steigern weiß, indem sie entgegnet, diesen »sympathisch« zu finden. Alfredo ist mit seiner als übertrieben wahrgenommenen Verehrung also zunächst nur eine Karte im Gesellschaftsspiel, das in diesem Augenblick darauf abzielt, den Baron zu provozieren, und das Violetta fortsetzt, indem sie, die Gastgeberin, sich herbeiläßt, Alfredo, dem neuesten und standesmäßig wohl eher niedrig angesiedelten Gast, das Glas zu füllen. Nach solcher Unbill kann der Baron nicht umhin als das Angebot, einen Trinkspruch auszubringen, abzulehnen, und so wird diese Ehre unter dem Beifall der Anwesenden dem Newcomer übertragen, der sich, erstaunlich genug, darauf vorbereitet erweist (ein weiteres Indiz dafür, welche Mühe Alfredo investiert, um Violettas Herz zu erobern).

Der Trinkspruch nimmt eine auffällige Entwicklung: Alfredos vorbereiteter Text bewegt sich vollkommen im Rahmen des Konventionellen und erschöpft sich, mehr oder weniger, im Preis von Wein, Weib und Gesang. Die Stunden sollen mit Lust gesättigt sein, die Liebe ruft süße Schauder hervor, der Wein läßt die Küsse hitziger werden: kein Wunder, daß die Spaßgesellschaft in dieses Lob einstimmt. Als befremdlicher dürfte schon wahrgenommen worden sein, daß die Hausherrin diesem Toast eine zweite Strophe hinzufügt, in der sie, namentlich für alle, die ihre Lebensumstände kennen, eine überraschend persönliche Stellungnahme abgibt: Außer dem Vergnügen ist alles auf der Welt Irrsinn (Quatsch wäre vielleicht treffender), die Wonne der Liebe ist rasch und flüchtig, eine schmeichlerische Stimme ruft uns zum Genuß. Damit verläßt Violetta zwar nicht den von Alfredo vorgegebenen

Tonfall, färbt ihn aber so stark mit Anspielungen auf ihr eigenes Leben (rasch und flüchtig!), daß der Trinkspruch seinen gesellschaftlich-formelhaften Charakter zu verlieren droht. Dies geschieht dann endgültig, als sich zwischen Violetta und Alfredo ein kleiner Dialog entspinnt. Violetta: »Das Leben besteht in (nichts als) guter Laune.« Alfredo: »Solange man nicht liebt.« Violetta: »Sagen Sie das doch nicht einer, die das nicht kennt.« Alfredo: »Das ist (aber) meine Bestimmung (meine Aufgabe)«. Hier geschieht Unerhörtes: Innerhalb einer Zelebration spricht eine Akteurin einen anderen persönlich an und läßt sich, als dieser, statt einfach zuzustimmen, widerspricht, zu einem Bekenntnis herbei. Dieses liegt zwar auf der Linie von Violettas schon offenbartem Selbstverständnis, doch daß es überhaupt vorgebracht wird, deutet an, daß zwischen ihr und Alfredo ein anderes Verhältnis zu entstehen beginnt, als sie es zu den übrigen Männern unterhält. Sie gibt etwas von sich preis; und zum ersten Mal erscheint, noch in der Negation, eine Ahnung davon, daß es eine andere Liebe geben könnte, als Violetta sie praktiziert.

Dieses ist der Ausgangspunkt für alles, was im Walzer geschieht. Einen Teil davon habe ich in meiner Vorbemerkung bereits entfaltet, weshalb ich hier nur noch ein paar Ergänzungen anbringe. Auf Alfredos wohlmeinende Ratschläge reagiert Violetta zunächst mit demselben Kopfschütteln, das ihm schon bei seiner Einführung begegnete. Geben Sie besser auf sich acht - das geht doch gar nicht. Wären Sie die meine, würde ich Sie behüten - Was sagen Sie? Es sorgt sich doch niemand um mich. Dann folgt die Behauptung Alfredos, niemand liebe sie, außer ihm selbst, die Violetta zunächst ins Lächerliche zieht. Auf Alfredos Frage aber, ob sie überhaupt ein Herz habe, antwortet sie unsicher, und Verdi läßt sie mehrmals dabei zögern, als sei der Übergang vom Ja zum Vielleicht doch einem wirklich aufkommenden Zweifel geschuldet. Auf seine Entgegnung, wäre da eines, würde sie nicht mit ihm spielen (*celiare* heißt wörtlich »necken«), geht sie denn auch gar nicht mehr ein, vielmehr erkundigt sie sich plötzlich, ob er es ernst meine; und auf Alfredos Bestätigung hin fragt sie, nun wirklich ernst: »Wie lange lieben Sie mich denn schon?« Hier also hat Violetta gelernt, das Wort *Liebe* in dem Sinn zu verwenden, wie Alfredo es tut, wenngleich sie weiterhin von sich behaupten wird, daß sie zu dieser Liebe nicht fähig sei. Was Alfredo daraufhin ausbreitet, ist genaugenommen nur die elaborierte Fassung seiner Bemerkung aus dem Trinkspruch, wo er die Liebe gegen das bloße Vergnügen abgrenzte: Die Liebe sei der Pulsschlag des Universums, sie sei etwas wundersam Hoheitsvolles und dem Herzen sowohl Schmerz als Entzücken; und diese Liebe durchfuhr ihn an jenem glücklichen Tag, als er sie, Violetta, zum ersten Mal wie eine ätherische Erscheinung erblickt habe. Natürlich erlaubt es ihr Selbstverständnis nicht, sich nun einfach ihm in die Arme zu werfen; im Gegenteil, sie führt ihm die Vergeblichkeit seines Ansinnens vor Augen, stellt sich als ungeeignetes Objekt für seine Gefühle dar und fordert ihn auf, sie zu vergessen. Irreversibel aber ist der Lernprozeß, der bei ihr eingesetzt hat: Sie weiß nun, von welcher Liebe er redet, auch wenn sie sich sicher glaubt, daß diese nicht die ihre sein könne. Verdi ist hier schon weiter, denn er vereint seine Insistenz und ihre Zurückweisung gegen Ende zu einem so innigen, durch das Schweigen der Instrumente ins Träumerisch-Intime entführten Pas-de-deux, daß Violettas Worte wie ein Festhalten an einer glücklich schon verlorenen Gewißheit erscheinen müssen.

Wie die meisten Frauengestalten Verdis, ist auch Violetta eine zwiespältige, von inneren Verwerfungen gekennzeichnete Persönlichkeit. Dies ist insofern bemerkenswert als das Genre der Oper dazu neigt, seine Protagonisten im Allgemeinen und seine Frauen im Besonderen eher eindimensional zu gestalten. Im Fall der Violetta scheint zu Verdis Zeit als besonders anstößig wahrgenommen worden zu sein, daß er diese einer Frau ohnehin kaum zugestandene Würde der Vielschichtigkeit ausgerechnet auch noch einer »Gesellschafterin«, also einer sittlich verderbten Frau zuerkannte, der, wie sie es selbst in ihrer zweiten Arie ja formuliert, sogar die Kirche das Kreuz auf dem Grab verweigerte. Das eigentliche Skandalon der Traviata besteht also weniger darin, daß diese Oper ein »gefallenes Mädchen« auf die Bühne bringt, sondern daß sie den Menschen Violetta in dieser Charge nicht aufgehen läßt.

Violettas große Szene, die den ersten Akt beschließt, beginnt mit einem unerhörten Vorgang: die Frau denkt nach, sie reflektiert ihre eigene Existenz. Die Beobachtung, daß ihr Alfredos Worte nicht aus dem Kopf gehen, führt sie zu der Überlegung, ob ihr eine wirkliche Liebe denn von Schaden wäre; und diese Frage unausgesprochen verneinend, entdeckt sie an sich plötzlich eine nie gekannte Begeisterung für den Zustand, liebend geliebt zu werden - ein Glück, das ihr ihr bisheriges Leben als trostlos und sinnentleert (*arido*=ausgetrocknet, *follia*=Irrsinn, Unsinn) erscheinen läßt. Verdi läßt seiner Figur viel Zeit, gerade anfangs, wo die Fragen und Zweifel noch ausgiebig erwogen werden, treten lange Pausen zwischen die Worte Violettas, während ihr Reden gegen Ende hin, wo sie sich ihres Standpunkts immer sicherer wird, an Tempo und Zusammenhang gewinnt.

Die Arie selbst ist ein Lehrbeispiel dafür, wie Verdi tradierte Strukturen mit neuem Sinn erfüllt. Ihr erster Teil (Andantino) besteht aus einer Doppelstrophe mit jeweiligem Refrain, also einer geradezu volkstümlichen Form, wie sie in der Oper allenfalls im Singspiel (Mozarts *Entführung*) auftritt. Hier aber wiederholt der Refrain nicht irgendeine beliebige Textpassage, sondern genau jene Worte, die Violetta nicht aus dem Kopf gehen und die im Begriffe sind, ihr Leben zu verändern: den Satz von der Liebe als dem Pulsschlag des Universums, die für das eigene Herz sowohl Elend als auch Entzücken bedeutet. Der Refrain enthält also das, worauf Violettas Denken wirklich ständig zurückkommt, er erfährt seine Rechtfertigung nicht aus der musikalischen Form, sondern aus dem Denken und Fühlen der dargestellten Person. Der Text der beiden Strophen selbst ist etwas verschwafelt, erfüllt aber die Funktion, eine Violetta sichtbar zu machen, welche im Brüchigwerden ihrer gegenwärtigen Existenz ihr verschüttetes anderes, vielleicht gar ursprüngliches Ich freilegt. Es gab da im Leben der Violetta Augenblicke, erfährt der Zuschauer, in denen sie sich, auf sich selbst zurückgezogen und von starker Gemütsbewegung ergriffen, mit geheimen Farben einen Mann ausmalte, einen Geliebten etwa, der vielleicht gerade dieser Alfredo sein könnte; dieser Alfredo, der »bescheiden und aufmerksam« über »die Schwelle ihres Siechtums« getreten ist, ihr also näher trat als sie andere Männer, die ihre Krankheit ja ignorieren mußten, je gelangen ließ. Und, erfährt er weiter, es gab da in der Entwicklung des jungen Mädchens (*fanciulla*) eine Phase, in der dieses »ein unschuldiges und brennendes Verlangen« nach einem himmlisch schönen zukünftigen Mann empfand und in diesem Moment sich inne ward, daß Liebe - und dann kommt wieder der bekannte Satz vom Pulsschlag des Universums. Die Entdeckung dieser beiden Momente aus einem früheren Leben und ihre Verknüpfung mit dem Bekenntnis Alfredos entkräften die These von der verderbten Natur und charakterisieren Violettas aktuelle Existenz als Produkt der gesellschaftlichen Bedingungen. Und wiederum geht Verdi über seinen textlichen Vorwurf noch ein ganzes Stück hinaus, indem er Violettas Gesangslinie in den beiden Strophen von einem zögernden, fast stammelnden Beginn sich nach und nach beleben und im Refrain geradezu zur Ekstase sich steigern läßt, die sie gleichsam in eine traumwandlerische Cadenza entführt.

Aus dieser reißt sie ein abruptes Erwachen. Mit einem Mal wird ihr ihre tatsächliche Existenz wieder bewußt: »einsam, verlassen, inmitten dieser übervölkerten Wüste, die sich Paris nennt«; und es ist diese Erkenntnis, die ihr ihre zuvor gemachten gedanklichen Streifzüge als »Delirium« und den sinnlichen Genuß als ihre einzige Perspektive erscheinen läßt. Die ausschweifenden Koloraturen des Rezitativs und der heftig zupackende Gestus des Allegro brillante lassen unmißverständlich die Gewaltsamkeit erkennen, mit welcher Violetta aus den Liebesträumen sich in die vermeintliche Wirklichkeit ihres Daseins zurückkatapultiert.

Der kleine Monolog Alfredos, der den zweiten Akt eröffnet, dient dramaturgisch betrachtet einzig dazu, die Ereignisse des von der Bühnendarstellung übersprungenen Zeitabschnitts in komprimierter Form zu referieren. Der Zuschauer erfährt daraus, daß drei Monate verstrichen sind, daß Violetta in dieser Zeit sich aller Amouren und gesellschaftlichen Veranstaltungen enthalten hat und in der ruhigen Abgeschiedenheit eines Landguts zufrieden sich ganz der Liebe Alfredos hingibt. Ergänzt wird dieser Kurzbericht durch zwei Bemerkungen am Anfang und am Ende, in denen Alfredo seine Betrachtung darauf lenkt, wie beglückt er selbst durch diese Entwicklung ist. – Verdis Komposition indessen transformiert den Bericht vollständig in eine psychologische Studie über Alfredo, indem er den referierten Inhalt in eine Assoziationskette überführt, die sich in Alfredos Kopf abspielt. Alfredos erste Aussage, daß es für ihn kein Vergnügen gebe, wenn er von Violetta entfernt sei, bereitet die Musik durch ein seltsam unruhiges, eiliges Vorspiel vor, durch welche Alfredos Satz seinen nötigen Bezug erfährt: die Jagd, von der er zurückkehrt und bei welcher er natürlich auf Violettas Gesellschaft verzichten muß, macht ihm keinen Spaß mehr, und so eilt er nach Hause, um wieder bei ihr zu sein. Kaum ist er dort eingetroffen, verebbt die unruhige Bewegung im Orchester, und Alfredo findet Ruhe in der Vergegenwärtigung, wie grundlegend sich Violettas Leben gewandelt hat. Nach und nach nähert sich sein zunächst rezitativischer Vortrag immer mehr dem Arioso, das Tempo wird vom anfänglichen Allegro vivace über ein Andante bis zum Adagio zurückgenommen, das genau dort einsetzt, wo Alfredo sein eigenes Behagen ausdrückt: »An ihrer Seite fühle ich mich wie neu geboren, und in ihren Freuden versinkt mir die ganze Vergangenheit.« Was Alfredo behauptet, läßt die Musik wahr werden: sein Unbehagen, wenn er von Violetta entfernt ist, und sein inneres Aufatmen, wenn er – auch im bloßen Gedanken – ihr nahe ist.

Den ersten Teil seiner Arie (mit *Andante* überschrieben, aber fälschlich oft mit unpassendem Schwung musiziert) widmet Alfredo einer Selbstbetrachtung: Sein jugendliches Ungestüm habe Violetta, so meint er festzustellen, durch ihren Liebesblick gemildert, und seit dem Tag, an dem sie gestand, sich völlig ihm hingeben zu wollen, lebe er gleichsam im Himmel. Verdi verweilt denn auch nicht beim Ungestüm, sondern führt die im Ganzen lyrisch gehaltene, nur mäßig expressive Gesangslinie zielstrebig bis zum Lächeln der Liebe fort. Wer sich vergegenwärtigt, wie emotional aufgeladen und stürmisch Verdi Liebeserklärungen zu gestalten vermag, wird in dieser Komposition leicht die stille Heiterkeit des beseligten, keineswegs aufgepeitschten Gemüts erkennen. – Das kurze Gespräch mit der zurückkehrenden Annina, von Verdi als unmelodisches, in rascher Silbenfolge dahingeworfenes Rezitativ angelegt und somit als harschen Einbruch der nüchternen Realität in die erhabene Sphäre des Liebesgenusses gestaltet, unterrichtet Alfredo darüber, daß Violetta nach Paris gereist ist, um dort durch den Verkauf dessen, was ihr entbehrlich ist, die Kosten zu decken, die das Leben auf dem Landgut verursacht. (Die von Annina genannte Summe von tausend Louisdor dürfte ein beträchtliches Vermögen dargestellt haben; die Währung entspricht ungefähr unseren Dukaten.) Zu beachten ist, daß noch ehe Annina den Raum betritt die eilenden Staccato-Achtel der Streicher Unruhe verbreiten, etwa als höre Alfredo bereits Anninas Schritte vor der Türe. Dieselben Achtel unterlegen auch das Gespräch ab dem Augenblick, da Annina den Grund für Violettas Verkaufsaktion nennt, und verleihen, im Verein mit den scharfen Punktierungen in den Oberstimmen, der Szene Hektik und Erregung. Alfredos Reaktion auf diese Nachricht stellt dann den zweiten Teil, die Cabaletta, seiner Arie dar, die, hochfahrend und zornerfüllt, seine Worte aus dem ersten Teil Lügen straft. Die geringste Störung fegt die vermeintlich gewonnene Gelassenheit hinweg und bringt das alte Ungestüm wieder zum Vorschein, das Alfredo überwunden glaubte. Dabei geht es hier noch keineswegs darum, daß Violetta rückfällig geworden wäre und ihr altes Leben wieder aufgenommen hätte; Alfredos Empörung speist sich vielmehr einzig aus der Tatsache, von ihr darüber im Unklaren gelassen worden zu sein, daß sie es ist, die den gemeinsamen Lebensunterhalt finanziert. Der Gedanke, dieser Schande ausgesetzt zu sein, bringt Alfredo außer sich und erweckt in ihm das Bedürfnis nach Revanche, durch welche er sich von dem, was er als schweren Makel empfindet, frei machen zu können glaubt. Verdis Komposition gibt diesem Zustand nicht nur durch den wilden, peitschenden Duktus Ausdruck, sondern auch durch die Wiederholung der immergleichen kurzen Sätze und Ausrufe, wie sie eben die Rede dessen kennzeichnet, der sich in eine bestimmte Vorstellung verrannt hat. Insgesamt zeugt die Arie in ihren vier Teilen damit von demselben kompositorischen Verfahren, das schon jene der Violetta kennzeichnete: eine traditionelle musikalische Gliederung – hier Rezitativ, Arie und Cabaletta – erfährt durch die in sie einbeschriebene inhaltliche Füllung eine außermusikalische, der dramatischen Entwicklung entnommene Begründung.

Das Duett zwischen Violetta und Vater Germont stellt das komplexeste Musikstück der Oper dar und reflektiert in seiner ostentativen Zerstückelung präzise die mannigfaltigen Wendungen, welche das Gespräch der beiden Figuren nimmt. Eröffnet wird der Satz mit einer als Rezitativ gestalteten Alltagsszene, deren Nebensächlichkeit bewußt verschleiert, daß sich in ihr der entscheidende Umschlagspunkt der Dramenhandlung vorbereitet. Wie fast stets in Verdis Rezitativen, schafft das Orchester zuerst eine Bewegung, ehe dann die Personen zu sprechen beginnen, gleichsam als untermale oder befördere es einen noch wortlosen Auftritt. Violetta kehrt aus Paris zurück und erfährt von Annina, daß Alfredo gerade dahin aufgebrochen ist. Den einen Brief übergebenden Diener Giuseppe unterrichtet sie über die bevorstehende Ankunft eines Geschäftsmannes und weist ihn an, diesen unverzüglich ins Haus zu bitten. Violetta öffnet den Brief, entnimmt ihm eine Einladung Floras zu einer Festivität und bekundet ihre Absicht, dieser nicht zu folgen. (Dies ist dahingehend von Bedeutung, als sie hinterher ja doch auf Floras Fest erscheint, nur eben nicht aus eigenem Entschluß, sondern auf Intervention von Germont.) Als Giuseppe den Besuch eines Herren meldet, nimmt Violetta an, es sei der Erwartete; doch eintritt nicht der Geschäftsmann, sondern Alfredos Vater. Dessen Auftreten begleitet das Orchester mit einem eigentümlichen, durch komische Gravität charakterisierten Motiv, welches ein Stolzieren illustrieren mag. Ohne eine Begrüßung abzuwarten, erkundigt sich Germont nach einer »Madamigella Valery«, wobei die Verwendung der ungebräuchlichen Anrede zwar auch als Frankophonismus (=Mademoiselle) gedeutet werden kann, jedoch wohl eher als Ausdruck der Geringschätzung zu verstehen ist; »Signorina« hätte schließlich auch zur Verfügung gestanden. Nachdem Violetta sich zu erkennen gibt, stellt sich Germont umstandslos als Alfredos Vater vor und verbindet damit in einem Atemzug die Verurteilung der Handlungsweise seines Sohnes und den Anwurf an Violetta, diesen zu verderben. Obwohl rezitativisch gehalten, läßt die Gesangslinie mit ihrer großen Tonhöhenbewegung, den Pausen und dem lebhaften Rhythmus Germonts zornige Erregung erkennen. Violetta entgegnet ihm mit würdevoller Entschiedenheit: inhaltlich, indem sie unterstreicht, eine Frau (also eben nicht eine »Madamigella«) zu sein und sich in ihrem eigenen Hause zu befinden, musikalisch, indem sie buchstäblich auf einer anderen Ebene (nämlich in E-Dur und nicht in C-Dur) agiert und mit dem von oben nach unten in punktierter Bewegung die Oktave durchmessenden Dreiklang eine herrschaftliche Gebärde ausführt. Daß sie dieser in einem erlesenen Kohortativ Singular die an sich selbst gerichtete Empfehlung hinzufügt, sie möge ihn unerhört lassen, und zwar eher zu seinen als zu ihren Gunsten, stellt eine als Höflichkeit verbrämte Bosheit dar, an denen das Italienische reich ist. Für sich selbst erkennt Germont denn auch das gute Benehmen an, das er offenbar von dieser Person nicht erwartete. Er selbst läßt ein solches gerade vermissen; denn nicht nur platzte er ohne alle Formalia und in grober Weise in ein fremdes Haus, er inspiziert auch ungebührlich die Einrichtung und taxiert sie als »luxuriös«, was in dem auf Reserviertheit und Diskretion gepolten Italien als Taktlosigkeit empfunden werden muß. Violetta revanchiert sich dafür, indem sie ihm unaufgefordert Einblick in ihre Absicht gewährt, sich von ihrem gesamten Besitz zu trennen, was Germont, tölpelhaft und arrogant, aber als ihren Versuch deutet, ihre Vergangenheit zu verleugnen. Zum ersten Mal verleiht Verdi bei diesen Worten Germont den pastoralen Ton herablassenden Mitgefühls, der später große Teile seines Redens kennzeichnet. Violetta reagiert mit entwaffnender Unbefangenheit: die Vergangenheit existiere gar nicht mehr, Gott selbst habe sie aufgrund ihrer Reue getilgt. Verdi versieht gerade das Wort »getilgt« durch lang ausgedehnten Hochton und weiträumig absteigendes Melisma mit flammender Inbrunst, die sich großartig über das kleinliche Räsonnieren Germonts hinwegsetzt. Dieser läßt sich aber nicht beirren, bleibt seiner einmal eingenommenen Haltung treu und bestätigt ihr, edlen Sinnes zu sein, nicht ohne jedoch dieses Zugeständnis sogleich zu nutzen, um in eigennütziger Absicht an ihren Edelmut zu appellieren. Violetta wittert sofort das Unheil und fordert Germont auf, zu schweigen. Germont freilich läßt sich von seinem Vorhaben nicht abbringen und beruft, sich sängerisch durch drei aufeinandergetürmte Ausrufe in die Brust werfend, sich auf seine Vaterschaft, das Schicksal und die Zukunft seiner beiden Kinder.

Der Vortrag, in welchem Germont den Kern seines Anliegens ausführt, liest sich im Text fast so nüchtern wie die Darlegung eines Handelsbeauftragten: Der junge Mann, der Germonts Tochter heiraten soll, besteht darauf, daß Alfredo in den Schoß der Familie zurückkehrt, und wird gegenteiligenfalls vom Ehevertrag zurücktreten. Daß Germont seine Tochter als »rein wie ein Engel« beschreibt und die Ansicht einflicht, sie und ihr Bräutigam würden »sehr, sehr glücklich miteinander«, erscheint angesichts der Direktheit, mit der er den zentralen Punkt des Problems ansteuert, kaum mehr als eine Floskel. Erst als sein Reden in einen Appell an Violetta übergeht, nimmt sie aufeinmal emphatische Züge an, greift zur Metapher von den Rosen und den Dornen und bringt seltsam geschraubt die Bitte vor, »es möge doch Ihr Herz sich meinen Bitten nicht verschließen«. Die Komposition indessen denkt den gesamten Monolog von seinem Ende her. Schon die Tatsache, daß sie Germont nicht einfach zu sprechen beginnen läßt, sondern einen ganzen Takt einer nichtssagenden Begleitung vorausschickt, schafft eine theatralische Situation, die sich von dem vorausgehenden Gesprächsverlauf deutlich abgrenzt. Der Takt Begleitung baut gewissermaßen eine Bühne oder eine Kanzel, die Germont nun betritt. Überdies erfindet Verdi zu den eigentlich dürren Worten eine Kantilene von strömendem, geschmeidigem Melos, die durch die relativ hohe Lage (der Bariton singt hier durchgehend im mittleren Bereich eines Tenors) zwangsläufig einen pathetischen Zug an sich nimmt. In Verdis Interpretation gibt das Sprechen Germonts sich also von Anbeginn an als Veranstaltung zu erkennen, die berechnend und suggestiv darauf aus ist, Violetta zu bedrängen. Bemerkenswert auch, wie Verdi, gerade in dem Augenblick, da Germont anfängt, seine Bitte an Violetta zu richten, die zuvor stets eingehaltene Tonhöhenebene verläßt und eine Quarte tiefer, zudem plötzlich in Moll, das Bild von den Dornen ansprechen läßt, gerade als nähme Germont Violetta einen Augenblick beiseite und raunte ihr sein Anliegen in vertraulichem Tone zu, ehe er es ein zweites Mal, nun wieder auf die alte Rezitationsebene zurückgekehrt, mit dreizehnmaliger Wiederholung desselben Tons geradezu einhämmert, um sich ihr hernach mit einer wendigen und tiefen melodischen Verbeugung gleichsam anzudienen.

Violetta antwortet in der komponierten Fassung nicht sofort; vielmehr setzt zuerst im Orchester ein in mehreren Anläufen nach oben greifendes Motiv ein, das sich im weiteren Verlauf als Teil einer größeren melodischen Entwicklung erweist und in dessen Deckung Violetta, gleichsam nebensächlich, in rezitativischem Vortrag ihre Worte spricht. Piave läßt sie mutmaßen, es gehe darum, sich eine Zeit von Alfredo entfernt zu halten, während Verdi durch das Zögern und die gespielte Beiläufigkeit ihres Sprechens deutlich macht, daß sie Germonts Absicht durchaus verstanden hat, aber auf der Suche nach einem Ausweg ist. Erst als Germont ihr umschweifelos ins Gesicht sagt, nicht das sei es, was er verlange (*chiedere* sagt er, also »fordern«), reagiert sie nicht mehr hinhaltend, sondern erschrocken. Im folgenden Wortwechsel schließen die Dialogbeiträge entsprechend dicht aneinander an, jede Aktion ergibt die jeweilige Reaktion, bis Violetta mit einem mehr als ganztaktigen, exponierten »niemals« Germont zum Schweigen bringt. Ihre Gegenrede ist denn auch nicht ruhig und kalkuliert, sondern durch äußerste Erregung charakterisiert, eilig und stockend zugleich, wie jemand spricht, der Mühe hat, sich zu bezwingen. »Sie wissen ja gar nicht, welch ein Feuer mir im Herzen brennt; daß ich weder Freunde noch Verwandte mehr habe; daß mein Leben von einer furchtbaren Krankheit befallen ist und meine Tage gezählt sind.« Diese Violetta hat die Taktik aufgegeben und kämpft nun mit der Waffe der Wahrheit; und sie ist gewitzt genug, um seine verwundbare Stelle ausfindig zu machen: »Ihr Ansinnen ist so unbarmherzig, daß ich es vorziehe, zu sterben.« *Unbarmherzig* nennt sie den Mann, der sich auf den lieben Gott beruft, und in Verdis Vertonung steigert sich ihre Bevorzugung des Todes, mehrfach und immer frenetischer wiederholt, geradezu in Verzückung.

Hier könnte die Szene enden. Den Vorstoß Germonts hat Violetta mit großer Entschiedenheit abgewiesen und ihn beschieden, sogar den Tod ziehe sie dem Eingehen auf seine Forderung vor; und Verdi hat ihr dazu heldisch-tragische Flügel verschafft und hinter ihr Dictum ein aus zwei kraftvollen Akkordschlägen geformtes Ausrufezeichen gesetzt. Germont aber läßt sich nicht so leicht entmutigen, vielmehr bewahrt er einen Takt lang Stille und fängt dann ganz von neuem noch einmal an. Die reine Lektüre des Textes wirft an dieser Stelle die Frage auf, wieso Germont sich nach der erlittenen Abfuhr nicht zurückzieht oder aber sich im Zorn gegen Violetta erhebt. Wie kann einer, wenn er so gescheitert ist, einfach weiterreden als wäre nichts geschehen? Aus der Musik aber erfährt der Zuhörer, daß Germont eben nicht einfach weiterredet: Nach der eintaktigen Generalpause gilt plötzlich nicht mehr C-Dur, sondern f-moll, Germont redet nicht mehr von seiner Forderung, sondern spricht stattdessen von einem schweren Opfer, und das Orchester bereitet ihm keine Bühne, vielmehr verschmilzt es mit ihm im Einklang; die musikalische Szenerie wird plötzlich karg und schmucklos, näher an der Sache zwar, aber auch bedrohlicher. Erneut vergeht mehr als ein Takt der Stille; dann fordert Germont jene, die ihre Entscheidung schon getroffen zu haben glaubt, mit derselben melodischen Gebärde auf, ihm »dennoch ruhig zuzuhören«, und der Germont, der ihr nun gegenübertritt, verlangt nicht mehr, er erzwingt. Der soeben noch zu einer strömenden Suada fähig war, redet auf einmal trocken, kurz angebunden, vom Orchester secco mit Stützakkorden begleitet. »Sie sind jung und schön, nicht lange, dann...« Violetta fällt ihm sofort ins Wort, bekundet, ihn zu durchschauen und bekräftigt, niemanden außer Alfredo lieben zu wollen. Darauf läßt Piave den eher unspektakulären Satz sprechen »Das mag ja sein, aber der Mensch ist gemeinhin wankelmütig«, der indes durch Verdis aufbrausende Orchesterakkorde und den dozierenden Gestus der Gesangsstimme den Charakter einer verbalen Gewalttat an sich nimmt, der Violetta entsprechend ein empörtes »Großer Gott!« entgegenschleudert. Noch hat sie Kraft zum Widerstand, aber nun setzt Germont mit einer infameren Strategie zum Angriff an. Er führt ihr die Trostlosigkeit vor Augen, die eintritt, sobald die Wonnen der Lust verflogen sind, und prophezeit ihr, sie werde aus ihren zarten Empfindungen keine Befriedigung schöpfen können, da ihrer Verbindung mit Alfredo der Segen des Himmels ermangle. Verdi wählt für diese übelwollende Belehrung eine abgehackte, Silbe für Silbe hervorstoßende Vortragsform, die durch trillerförmige Phrasenschlüsse etwas Hypnotisches, Aufmerksamkeit Fesselndes gewinnt. Erfolgt das Ganze zunächst halblaut, so wie Warnungen, die sich für gut gemeint ausgeben, gemeinhin ausgestoßen werden, erhebt Germont, wo er vom Himmel spricht, die Stimme zu flammender Inbrunst, das priesterliche Pathos wieder aufgreifend, das Germonts zweite Natur zu sein scheint. Daß Violetta hier nur noch »So ist es« stammeln kann, dürfte kaum auf ihre Frömmigkeit zurückzuführen sein; vielmehr bietet es sich an, den Zusammenbruch ihrer Standhaftigkeit auf das Bewußtsein ihres nahen Todes zurückzuführen, von dem sie ja in demselben Duett bereits Zeugnis abgelegt hat. Auf die kurzen Freuden der Lust folgt eben bei ihr nicht die Ödnis des Alltags, sondern das Sterben. Darf ein absehbar so kurzes Glück die Zukunftshoffnungen einer Familie zerstören? Germont jedenfalls veranlaßt das Versiegen von Violettas Widerstand umgehend zum Wechsel in einen versöhnlichen Tonfall mit der er der Zerschmetterten das »schwere Opfer« in ein Heilsgeschehen ummünzt: »Entschlagen Sie sich darum der verführerischen Illusion und werden Sie der rettende Engel meiner Familie.« Nicht nur wendet sich bei diesen Worten der Gesang von Moll wieder nach Dur, er gibt zugleich sein Staccato auf und nimmt wieder melodische Flexibilität an sich, ehe er bei der suggestiven Aufforderung an Violetta, nocheinmal über die Sache nachzudenken, in das schon bekannte Hämmern auf hohem Ton verfällt, das schließlich bei den Worten »Gott selbst ist es, der diesem Vater solche Worte eingibt« in eine pompöse Pose übergeht. Verdis Germont ist überall ein skrupelloser Taktiker, ein Schauspieler, der indessen vollkommen mit seiner Rolle verschmilzt und die Figur, die er spielt, gerade deshalb umso schamloser ausleben kann.

So energisch Violettas Widerstand war, so vollkommen ist nun ihr Zusammenbruch. Ihre Energie speiste sich aus der Aussicht auf eine dauerhafte Gemeinschaft mit Alfredo; nun, da Germont diese Aussicht zerstört hat, überfällt sie grenzenlose Hoffnungslosigkeit. Die Unerbittlichkeit des Menschen, so lautet ihre Folgerung, macht die Nachsicht Gottes unwirksam, die irdischen Verhältnisse gewähren keine zweite Chance. Dem gerade von unsachverständigen Musikkennern gerne gepflegten Sport der Tonartenastrologie ist zwar stets mit Skepsis zu begegnen, doch darf die Wahl einer so entlegenen Tonart wie des-moll (acht b!) an dieser Stelle dann doch für signifikant gehalten werden. Bemerkenswert ist auch, daß gerade in jenem Augenblick, in dem Violettas Zukunft zu einer ebenso kurzen wie bedeutungslosen Lebensspanne zusammenschrumpft, ihre Stimme mit der Germonts, die bisher nur im Zwiegespräch aufeinanderstießen, sich zum ersten Mal zu einem wirklichen Duett verbindet: beide ohne ein Ohr für den andern, aber eben doch im gleichen Schicksal vereint. An der Verzweiflung Violettas nährt sich berechtigt die Hoffnung Germonts, und die Fatalität der Situation resultiert aus der Tatsache, daß beider Lebensweg – ihr zum Unglück, ihm zum Glück – zu einem harmonischen Ganzen zusammenfließt. Violettas nahender Tod erfüllt Germonts Begehren, selbst das äußerste heroische Aufbäumen brächte ihn nicht um seinen Sieg; und so wird plötzlich logisch, daß der Widerspruch zwischen ihrer Verzweiflung und seiner gerade darin auflebenden Hoffnung sich unvermutet in einen von paradiesischem Atem erfüllten Gleichklang der Seelen auflöst, ein berührendes und von Rührung überfließendes Duett, in welchem die Entsagung jener, die gar nichts mehr festzuhalten vermöchte, mit dem wertlosen Trost dessen, der seine Gültigkeit zu fürchten hätte, wunderbar und zynisch verbindet. Die beglückendste musikalische Erhebung der ganzen Oper entsteht genau dort, wo des einen Unglück des anderen Glück und des einen Glück des anderen Unglück vollkommen macht. »Sagen Sie der jungen Frau, daß es da jemanden gibt, welchem, dem Unglück anheimgefallen, ein einziger Hoffnungsstrahl verblieben ist und daß er diesen ihr zum Opfer darbringt.« »Oh, ich sehe, übermächtig ist das Opfer, das ich von Dir fordere, habe nur Mut, dann wird Dein großmütiges Herz siegen.« Daß zwischen so auswegloser Untergangsverfallenheit und so eigennutzverpflichteter Selbstgerechtigkeit die herrlichste Harmonie bestehen kann, ist ein Faktum, das mehr als alles Äußerliche Verdis Musik als veristische, d. h. der Wahrheit verpflichtete, rechtfertigt.

Die sechste Szene verdeutlicht in besonders plastischer Weise die Ausrichtung der Musik Verdis an den seelischen Vorgängen der Protagonisten. Sie beginnt mit einer unbegleiteten Himmelsanrufung Violettas, die sich, während das Orchester ein bedrohliches Motiv hören läßt, zum Schreiben setzt. Textbuch und Partitur nennen nicht den Namen des Empfängers, doch ist sicher, daß es sich nicht um Alfredo handeln kann, da sich Violetta erst in einem neuen Schreiben an diesen wendet. Während aber der erste Brief in vier Takten erledigt zu sein scheint, tut sich Violetta mit dem zweiten offenkundig erheblich schwerer; denn zum einen fragt sie sich überhaupt erst, was sie Alfredo sagen und woher sie den Mut nehmen soll, d. h. sie zaudert – zum anderen vergehen acht Takte, in denen die Soloklarinette, dezent begleitet, eine klagende Melodie, fast wie den Anfang des Mittelsatzes aus einer Sonate oder einem Konzert, vorträgt, ohne daß das Schreiben vorankommt. Violetta ist also vollkommen von der Klarinettenmelodie gefangengenommen, als Alfredo eintritt und sie mit hektischer Beunruhigung in ihrem Nachsinnen überrascht. Die Klage der Klarinette bricht ab, unruhige, taktweise sich wiederholende Streicherfiguren treten an ihre Stelle, über denen der eilige Wortwechsel zwischen Violetta und Alfredo stattfindet. Violettas Leugnung des Offensichtlichen erregt Alfredos Verdacht, er stellt sie zur Rede, fordert sie auf, ihm das Papier (auf dem vermutlich noch kein Wort steht) auszuhändigen (notabene: er entreißt es ihr nicht!), was sie verweigert. Daraufhin entschuldigt er sich (!), seine Verletzung der Diskretion mit seiner Besorgnis begründend, die mit der Ankunft seines Vaters zusammenhängt. Während Alfredo kurz schildert, wie er diesen zu empfangen gedenkt, schweigt das Orchester, während es bei Violettas Antwort mit Stützakkorden in die Pausen zwischen deren hastig dahingeworfene Satzfetzen interveniert: »Er darf mich hier nicht überraschen! (Akkord) Erlaube, daß ich gehe! (Akkord) Du beruhigst ihn, ja?« Hier setzen pochende Achtel der Streicher ein, über denen in aufsteigenden Terzgängen ein zweitaktig wiederholtes Klarinettenmotiv erklingt, während Violetta bekundet, sich dem Vater zu Füßen werfen zu wollen, und immer drängender, in immer kürzeren Wiederholungen, sich der Liebe Alfredos zu vergewissern sucht. Verdi läßt »Du liebst mich?« fünfmal und das Bestätigung heischende »nicht wahr?« zweimal sowie die Anrede »Alfredo« dreimal auf fast stets dieselbe Tonfolge wiederholen, wobei die drei bzw. vier Silben zunächst drei Viertel plus ein Viertel Pause einnehmen, sich aber später auf drei Achtel plus eine Achtelpause verkürzen. Die Antwort Alfredos kommt spät, aber machtvoll, dem hastigen Reden Violettas setzt er ein breites, stämmiges »Und wie sehr (... ich Dich liebe)« entgegen, um sich, nach einer längeren Pause, nach dem Grund ihres Weinens zu erkundigen. Violetta antwortet ausweichend, sie habe der Tränen bedurft, und beteuert, von artigen Trillerfiguren der Violinen unterstützt, nun wieder ruhig und heiter zu sein. Kaum setzen diese aus, wendet sich ihr Denken aber wieder ins Düstere zurück, mit unmißverständlicher Anspielung an das Grab versichert sie Alfredo, sie werde ihm »immer nahe sein, dort unter den Blumen«, während ihr musikalischer Tonfall buchstäblich ins Eintönige, nämlich auf den mehrfach wiederholten Halbton des-c, verfällt. Aus diesem bricht sie unvermittelt in einen leidenschaftlichen, mit gewaltigem Aufschwung musizierten Appell aus, in dem sie Alfredo dazu aufruft, sie ebenso zu lieben, wie sie ihn liebt, und den sie seltsamerweise mit einem *Addio* beendet, durch welches Verdis Komposition die musikalische Phrase erst zum Abschluß bringt.

Da in dieser Szene das Bühnengeschehen fast vollständig auf das Sprechen reduziert ist, wird hier genauer als anderswo ersichtlich, welche Aufmerksamkeit Verdis Komposition der Rede seiner Protagonisten widmet. Vieles erinnert hier an Schuberts Liedvertonung, die ebenfalls nicht Wortinhalte oder Bilder, sondern den Sprechvorgang selbst lautbar macht und vor allem damit das innere Befinden des Sprechenden zum Ausdruck bringt.

Violettas innere Bestürzung muß Alfredo völlig entgangen sein, denn wieder allein eröffnet er die folgende Szene mit der befriedigten Feststellung, Violetta lebe einzig für ihre Liebe zu ihm. Dreieinhalb Takte eines inhaltslosen Orchesterzwischenspiels lassen das allzu träge Vergehen der Zeit verspüren: Alfredo wartet auf seinen Vater und hat, wie eine nebensächlich dahingeworfene Bemerkung erkennen läßt, fast schon die Erwartung aufgegeben, ihm am selben Abend noch zu begegnen. Eilige Achtelbewegungen unterfüttern den Auftritt des Dieners, der aufgeregt von der Abreise Violettas berichtet (bei Verdi ist das Dienstpersonal fast immer in Eile). Zur

Verwunderung Giuseppes reagiert Alfredo gelassen und teilt ihm mit, sie sei wohl in die Stadt gefahren, um ihre Wertsachen zu versetzen. Die erstaunliche Indiskretion gegenüber einem Diener unterstreicht Verdi, indem er das Wort *perdita*, »Verluste«, durch Hochton und Verbreiterung herausstellt, als wolle Alfredo sicherstellen, daß Giuseppe die Peinlichkeit, der Violetta Alfredo durch ihr Vorgehen aussetzt, nicht entgeht. Mit selbstgewisser Festigkeit setzt er dann aber in punktiertem Rhythmus hinzu: »Aber Annina wird sie daran hindern!« Eine trippelnde Bewegung in den Streichern verrät den Vater, der sich ungehörig, als bewegte er sich nicht auf dem Anwesen eines anderen, durch den Garten heranschleicht. Alfredo merkt auf, wird aber durch die Ankunft eines Boten absorbiert, der ihm eine Nachricht Violettas zustellt. Das Unbehagen, das Alfredo beim Empfang dieses Briefes verspürt, reflektiert die Musik zum einen traditionell durch Tremoli der Streicher, die das innere Beben illustrieren, wirksamer jedoch durch lange Pausen zwischen den Phrasen, die Alfredo, gleichsam psalmodierend, in mittlerer Lage auf stets demselben Ton und mit einer Flexa am Ende, vorträgt, als sei ihm mit der Seele auch seine Stimme geronnen. Germont ist derweil in das Haus eingedrungen und beobachtet schamlos, ohne sich zu erkennen zu geben, die Beklemmung seines Sohnes, die im Augenblick, da er den Brief liest, in Wut umschlägt. Die deutsche Übersetzung der Regieanweisung formuliert hier irreführend: »Er stößt einen Schrei aus, dreht sich um, erblickt seinen Vater und wirft sich in seine Arme«, während es im Italienischen eigentlich heißt: »Er wendet sich um und findet sich in den Armen seines Vaters wieder«. Tatsächlich deutet auch die große Lücke zwischen dem entsetzten Schrei Alfredos beim entscheidenden Punkt der Lektüre und seinen Worten »Mein Vater!« sowie der Stillstand der musikalischen Bewegung, das lange Decrescendo und die schon piano einsetzende Begrüßung darauf hin, daß Verdi hier keineswegs eine Gebärde der vertrauensvollen Erleichterung, sondern eine der Betretenheit vorgesehen hat, wie sie ja auch der Situation entspricht, wenn man sich bei einer intimen Beschäftigung ertappt fühlt. Im Nachhinein erweist sich der riesige, vibrierende Des-Dur-Akkord, der fortissimo einsetzt, um nach und nach abzuebben, ohnehin neuerlich als Bühne für Germont, der mit gewohnter Großspurigkeit auftritt, die Irritation seines Sohnes nutzt, um eigene Bestätigung daraus zu ziehen und sich Alfredo als Tröster aufzwingt, denn er allein ist es, der, nach Alfredos kurzer Begrüßung, seine Stimme über diesem Klang erhebt.

An kaum einer Komposition läßt sich genauer ergründen, was Verdi unter dem Begriff des Verismo verstand, der Kunst, die der Echtheit verpflichtet ist, als an der Arie des Germont. Formal ähnelt sie mit ihren zwei Strophen, an die sich, durch einen rezitativischen Abschnitt getrennt, eine Caballetta anschließt, jener der Violetta aus dem ersten Akt, und genau wie bei dieser erfährt der kompositorische Aufbau seine Begründung aus dem Sinn und dem Anlaß der Rede des Protagonisten. Auffälligerweise gibt es zwischen der vorausgehenden Begrüßungsszene und dem Einsetzen der Arie eine kleine, aus einer doppelten Dreitonfigur der Streicher bestehende Hinführung, die, da der Sprechende doch dieselbe Person bleibt, dem, worauf sie hinführt, etwas Zeremonielles, Veranstaltungshaftes verleiht, etwa wie der Redner zwischen den eröffnenden Grußworten und dem Beginn seines eigentlichen Vortrags noch einmal das Mikrofon zurechtrückt oder an seiner Kravatte nestelt. Auch danach fängt Germont nicht sogleich zu sprechen an, vielmehr erklingt zunächst über sanft wiegenden Streicherakkorden in den Flöten eine liebliche, terzverdoppelte Melodie, welche sich im Nachhinein als die Gesangslinie der Arie erweist und nach drei Takten abrupt abbricht. Germont läßt sich also erst durch den Kopf gehen, was er zu seinem Sohn zu sagen gedenkt, formuliert in Gedanken den Anfang schon einmal vor und unterbricht sich, sobald er sich seines Vorgehens sicher ist. Vermittelt die Lektüre von Piaves Text den Eindruck eines Appells, in dem ein vorwurfsvoller Unterton nicht zu überhören ist, transformiert ihn die Musik in eine gefühlvolle, ja gefühlige Evokation einer als beglückend ausgemalten Verbindung von Heimat und Vergangenheit, deren Goldlicht selbst noch durch die Schilderung des trübseligen Jetztzustands hindurchleuchtet. »Wer vertrieb das Meer, die Erde der Provence aus deinem Herzen? Welche Zukunft war dir unter ihrer strahlenden Sonne beschieden?« Daß es sich für Germont, den Vater, bei diesen Sätzen, entgegen ihrer Form, nicht um Fragen handelt, sondern um Antworten, auf die jene Fragen nur verweisen, stellt Verdi klar, indem er keine seiner musikalischen Phrasen offen enden, sondern jede stets von der Tonika anheben und nach einem über dem Septakkord der Oberquint sich entwickelnden Takt, wieder in die Tonika münden läßt. Rhethorische Eindringlichkeit gewinnt Germonts Vortrag überdies, indem Verdi jede der Fragen bei vertauschter Anordnung ihrer Satzteile doppelt aussprechen läßt, wobei der jeweils zweite Durchgang melodisch den ersten jedoch nicht seinerseits wiederholt, sondern zur viertaktigen Periode ergänzt, um mit dem Grundton zu enden. Der Abgesang der, gleich einem Choral, als Barform angelegten Strophe entwirft sodann in trivialem Moll-Dur-Kontrast den Gegensatz zwischen dem augenblicklichen Elend und dem von der Heimat verheißenen Seelenglück, wobei das letztere durch melodische Überhöhung und die Verkürzung der harmonischen Bewegung vom

Ganz- auf den Halbtakt emphatisch unterstrichen wird. Die ungeheure Anmaßung des letzten Satzes der Strophe, »Gott führte mich (zu Dir)«, mildert Verdi durch überströmendes Pathos, nicht ohne gerade durch den emotionalen Überschwang die Ambivalenz der Haltung Germonts transparent zu machen, in welcher Wohlmeinen und Selbstgerechtigkeit eine tragische Verbindung eingehen.

Auch der zweiten Strophe geht das schon eingangs aufgetretene bruchstückhafte Vorabzitat voraus – vielleicht muß Germont angesichts der Vorhaltungen, die er zu machen gedenkt, seinen Tonfall erst darauf einstimmen, Milde zu bewahren, vielleicht ist er aber auch einfach nur unschlüssig, wie er fortfahren soll, da Alfredo bislang keinerlei Reaktion auf die Worte des Vaters erkennen läßt. Galt nun sein erster Vorstoß der Wiedererweckung glücklicher Erinnerungen, so verlegt sich sein zweiter auf die Erzeugung von Schuldgefühlen: »Du weißt nicht, wieviel dein Vater gelitten hat, Schmach ist über sein Haus gekommen, seit du weg bist.« Und dann identifiziert er sich beherzt mit dem Vater im Gleichnis vom verlorenen Sohn, das seinem Handeln bereitwillig den Segen Gottes zusichert: »Doch wenn ich dich nun endlich wiederfinde, wenn meine Hoffnung mich nicht täuschte, wenn die Stimme der Ehre in dir nicht völlig verstummt ist, dann hat mich Gott erhört.« Verdi ordnet den beiden Gottesberufungen: jener, in der sich Germont zum Gesandten Gottes erhebt und der zweiten, in der er imaginativ die Erfüllung seiner Mission vorwegnimmt, dieselbe melodische Wendung zu, die in Verbindung mit den jeweiligen Inhalten eine Art musikalischen Reim organisieren. Die zweite aber erweitert er zu einer delirierenden, den Vorgeschmack des Triumphs geradezu süchtig auskostenden Cadenza, die sich an den tenoralen Höhen so wenig ersättigen kann, daß der Taktiker Germont ein weiteres Mal mit dem Überzeugungstäter verschmilzt.

Die melostrunkene Realitätsvergessenheit, in die Germont, fasziniert durch die Selbstidentifikation mit jener biblischen Gestalt, sich selbst entführte, kontrastiert scharf mit dem rezitativischen Gestus seiner anschließenden Worte. Verdi verordnet Germont eine erlebbare Phase der Umorientierung von der Halluzination auf die Wirklichkeit, indem er eine fermatenbewehrte Generalpause einfügt, und läßt ihn dann unbegleitet, auf einunddemselben Ton skandierend, seine Enttäuschung hinausstoßen. Der gerade noch die erträumte Erfüllung seiner Sendung genoß, muß plötzlich gewahr werden, daß sein Sohn ihm gar nicht zugehört hat und von ganz anderen Problemen umgetrieben wird als er es sich gewünscht hatte. Über eiligen Streicherstaccati entspinnt sich ein erregter Wortwechsel zwischen dem Sohn, dessen Gedanken völlig von Violettas vermeintlicher Rückkehr in die Pariser Spaßgesellschaft gefangengenommen sind, und dem Vater, der jenen immer heftiger drängt, mit ihm abzureisen. Mitten im massivsten Ansturm (Verdi placiert diesen genau auf die Worte, mit denen der Vater einen Rekurs auf die Geschichte vom verlorenen Sohn unternimmt) hält Germont plötzlich inne, eine süße, in neuem Tempo und terzverdoppelt von zwei unbegleiteten Flöten vorgetragene Melodie läßt die latent gewalttätige Situation ins Arglos-Liebliche umschlagen, und nach einer neuerlichen Generalpause ersteht Germont als betulicher Hausvater, der seinem Sohn die Heimkehr durch die Versicherung schmackhaft zu machen versucht, jeden Vorwurf zu unterlassen und über die Vergangenheit den Mantel des Vergessens zu breiten. Am Inhalt der Dichtung bemessen, bewegt sich dieser Abschnitt mit seinem Appell an familiäre Bindungen und der Verheißung geheilten Familienglücks ganz in der Nähe der ersten Strophe, die ja ebenfalls die Wonnen der Heimaterde auszumalen suchte; die Komposition jedoch gewährt Germont nicht die Rückwendung in den Habitus des großmütigen Heilsverkünders und nötigt ihn stattdessen, wortreich und penetrant mit hilfloser Zudringlichkeit auf Alfredo einzuwirken. Verdi reduziert den Gesangspart auf wenige melodische Elemente, nämlich eine von der Quint zu Terz in Achteln auf- bzw. von der Terz zur Quint absteigende Tonleiter, einen Oktavsprung mit folgender Tonwiederholung und eine fast jedes Phräschen abschließende in Sechzehnteln absteigende Treppenbewegung, die, mit unermüdlicher Sequenzierung bis zum Überdruß aneinandergefügt, ein Bild ebenso besinnungslosen wie vergeblichen Einredens vermitteln. Die kurze Stretta, die den drängenden Impuls durch synkopischen Rhythmus und eine verdichtete Wiederholung kurzer Textpassagen weiter verschärft, reflektiert schließlich das Stadium, in dem Germont der Nutzlosigkeit seines Bemühens gewahr wird. Alfredos Aufschrei am Ende ihres zweiten Durchlaufs, an den, so wäre zu vermuten, sich ebensogut noch ein dritter anschließen könnte, reagiert denn auch nicht auf die Worte seines Vaters, sondern auf seine Lektüre des Briefs von Flora, den er zufällig erblickt und dessen Inhalt ihn im Sturm aus dem Haus treibt. Die Arie endet handlungsgerecht, obgleich sie die traditionelle Form wahrt, und ihr gesamter musikalischer Ablauf, von der melodischen Erfindung über die Gestaltung der Begleitung bis zur Anordnung der einzelnen Elemente ist so nahe an der durch die dramatische Situation bestimmten Rede, wie es ein Lied Franz Schuberts nicht näher sein könnte.

Das Finale des zweiten Akts, das streng genommen, schon wegen des mit ihm einhergehenden Wechsels des Schauplatzes, als ein eigenständiger Aufzug anzusehen ist, führt erneut in einen Salon, in welchem ein Fest im Gange ist, und dementsprechend wird es durch lebhafte, brillante Tanzmusik eröffnet. Beiläufig, ohne dezidierte melodische Gestaltung, erläutert Flora, die Gastgeberin, nicht näher bezeichneten Gästen ein paar Details der Veranstaltung. Ebenso beiläufig berichtet der Marquis von der Trennung Violettas von Alfredo, Flora und Grenvil reagieren überrascht und sprichwörtlich wie aus einem Munde. Nur die Pointe der Neuigkeit: daß Violetta am Arm des Barons erscheinen wird, hebt Verdi durch eine kleine Pause hervor, nach welcher der Marquis eine Oktave höher fortsetzt, als er zuvor endete. Der Einzug der Maskierten unterbricht das Gespräch.

Der Auftritt der als Zigeunerinnen verkleideten weiblichen Gäste gehorcht dem üblichen Modell verdianischer Konversationsszenen: ein in festen Perioden gebauter, klar gegliederter Orchestersatz dient als zusammenhangstiftende Substruktion für ein darüber angeordnetes sängerisches Geschehen, das bald die Instrumentalmusik übernimmt, bald sich nur sporadisch in sie einflicht. Formal stellt sich der Orchestersatz als ABA-Form dar, deren A-Teil aus einer Strophe in e-moll und einem fast gleichlangen Refrain in E-Dur besteht, während der Mittelteil, in die Unterquinttonart A-Dur versetzt und mit seiner galanten Melodik einem Trio ähnelnd, wiederum in zwei Abschnitte von ungefähr gleichem Umfang zerfällt. Im Dacapo des A-Teils erscheint die Strophe verkürzt, während dem Refrain eine winzige Coda angefügt ist. Den ersten Durchgang des A-Teils nutzt Verdi, um den Maskierten die Gelegenheit zur Selbstdarstellung zu gewähren. Ihr Gesang gestaltet sich als eine dem Orchesterpart gegenüber zwar etwas vereinfachte, aber für eine Choraufgabe doch recht virtuose, luftige Partie von konsequent homophoner Rhythmik, die das Kollektive der Darbietung hervorhebt. Der Mittelteil hingegen ist lockerer gebaut, mehrtaktige rein instrumentale Abschnitte lassen den Zigeunerinnen Zeit, die Handlesungen vorzunehmen, ehe sie, für eine kurze Weile die Instrumentalmelodik sich aneignend, ihre Deutung verkünden. Die Weissagungen sprechen aus, was allen bekannt ist: Flora ist nicht die einzige, die sich für den Marquis interessiert, und dieser ist durchaus kein Muster an Treue. Ein kurzer, scherzhafter Wortwechsel zwischen Flora und dem Marquis beansprucht die zweite Hälfte des Mittelteils, ehe das Dacapo mit der beschwichtigenden Aufforderung aufwartet, die Vergangenheit ruhen zu lassen und in die Zukunft zu blicken. Die geschlossene Form, die Verdi für diesen Satz wählt, illustriert, indem sie die Verkündung der Fakten mit einer Verpackung umgibt, deren zweite Hälfte expressis verbis den Buchdeckel zuschlägt, welchen die erste öffnet, beredt den Lebensstil der gehobenen Vergnügungsgesellschaft, die um ihre Schändlichkeit weiß und ihren Anstand darin findet, über diese hinwegzusehen. Das Buch der Wahrheit bleibt geschlossen, es zu öffnen ist nur im zeremoniellen Scherz gestattet, der, wie eben die Dacapoform, den daran Teilnehmenden zum rituellen Akt des Wiederzuklappens verbindet.

Seinen Veranstaltungscharakter demonstriert auch der Auftritt der Stierkämpfer. Textlich erweist sich das Stück als Ballade, welcher ein Vorspann vorangestellt ist. Dieser verschafft, nach volkstümlichem Vorbild, dem Erzähler Gelegenheit, sich an sein Publikum zu wenden, ehe er mit seiner Erzählung beginnt, und trägt somit ein episches Moment in die Form ein. Unterstrichen wird dieses Moment hier zusätzlich durch den Wechsel der Redehaltung von der ersten Person Plural in die dritte Person Singular: das *Siamo* (»Wir sind«), mit dem der Wortlaut anhebt, setzt Subjekt der Aussage und Subjekt der Rede in eins und kennzeichnet die erste Phase des Textes damit eindeutig als autoreferentiell, wohingegen dessen Fortsetzung, welche eine Episode aus dem Leben des Stierkämpfers Piquillo erzählt, schon der grammatischen Form nach eine Person zum Gegenstand hat, die nicht unter den Redenden weilt. Wie sehr Verdi daran gelegen war, den Veranstaltungscharakter dieser Szene herauszuarbeiten, läßt sich daraus ersehen, daß seine Komposition die Abgrenzung zwischen Vorspann und Ballade noch weiter hervorhebt. Den Vorspann gestaltet er als Vierviertaltakt in C-Dur, die eigentliche Ballade als Dreiachteltakt in g-moll mit einem Refrain in G-Dur, im Vorspann verleiht die Musik den sich als Toreros ausgebenden Partygästen ein martialisches Auftreten, für die Erzählung hingegen stellt sie eine hübsch erdachte, unterhaltsame und dem Textvortrag zuträgliche Singeformel zur Verfügung, die in keiner Weise auf den Inhalt des Textes reagiert. Volkstümliche Realistik gewinnt die Szene obendrein durch den Umstand, daß die Damen der Gesellschaft sowie der Marquis und Doktor Grenvil zunächst als Publikum die verkleideten Herren dazu auffordern, mit ihrer Darbietung zu beginnen, ab dem zweiten Refrain aber in die voraussehbaren Abschnitte des Gesangs miteinstimmen und auf diese Weise in das fiktive Spiel der Herren eintreten, bis sich im Schlußrefrain alle vereinigen und die sorgfältig gezogene Grenze zwischen Vorführung und Realgeschehen verschwimmen lassen. Daß genau dort auch die Rede wieder zur ersten Person Plural zurückkehrt und mit der Anspielung auf die Launen des Schicksals und die kühnen Spieler zugleich eine inhaltliche Brücke zu der anschließenden Szene herstellt, in der ein Kartenspiel stattfindet, bestätigt ein weiteres Mal die Akribie, die Verdi bei der Vertonung des librettistischen Vorwurfs walten läßt.

Alfredos unerwarteter Auftritt auf Floras Fest scheint, der heftigen Streichergebärde nach zu urteilen, ungestüm und aufsehenerregend zu verlaufen, denn schon nach weniger als einem Takt stoßen die Anwesenden überrascht seinen Namen aus. Alfredo reagiert mit ostentativer Gelassenheit, seine knappe Begrüßung führt den bis dahin vier Takte lang andauernden Dominantseptakkord zur Tonika, das fragende Erstaunen damit lapidar bescheidend. Anderthalb Takte vergehen, ehe jemand – es ist die Gastgeberin – mit der Frage nach Violettas Verbleib den verlorenen Faden wieder aufgreift, und erst nach einer ebensolangen Pause antwortet Alfredo mit einer Art verbalem Schulterzucken. Ein Streichermotiv, das staccatierte Sextsprünge in skalenförmigem Abstieg aneinanderreiht, scheint die aufgesetzte Lässigkeit der Haltung Alfredos zu illustrieren, welche die Gäste denn auch zustimmend würdigen. Da hiermit die Situation geklärt ist, wird die kurze Episode ohne Umschweife beendet, und während einer tumultartigen Überleitung des Orchesters streben alle dem Kartenspiel zu.

Die nun einsetzende Szene erinnert durch ihre triolische Bewegung, ihren Tanzcharakter und die den Bläsern anvertraute Melodik musikalisch an den Walzer aus dem ersten Akt; allerdings trägt ihr die Mollfärbung sowie der düstere Klang der durchweg in der kleinen Oktav operierenden, terzgeführten Klarinetten ein gespenstisches Moment ein, das dem Fortgang des Festes alle Heiterkeit austreibt und ihm einen unheilvollen Unterton verleiht. Violettas Eintreffen am Arm des Barons erscheint, trotz des überaus freundlichen Empfangs, den Flora den beiden bereitet, auf diese Weise buchstäblich überschattet. (Stellt man sich die hier stattfindende Musik nach Dur gewendet und um eine Oktav nach oben transponiert vor, erhält man einen fidelen Ländler, dessen Gegenüberstellung mit dem realen eine frühe Ahnung von dem vermittelt, was später bei Gustav Mahler die Entstellung des freundlichen Scheins zur verzweifelten Wahrheit ausmacht.) Obwohl es sich bei dem Satz um eines der ausgedehntesten Gebilde der ganzen Oper handelt – er umfaßt immerhin 153 Sechsachteltakte – wird er von einem einzigen, nur zwei Takte messenden Motiv beherrscht, dessen dreifache Aneinanderreihung, durch ein Schlußelement ergänzt, sich zu einer achttaktigen Periode organisiert. Die Stereotypie dieses Aufbaus wird verstärkt durch den mechanischen Charakter des Motives selbst, besteht dieses doch lediglich aus zwei durch Achtelpause getrennten und mit Vorschlägen eingeleiteten, sekundweise aufsteigenden Vierteln und einer noch einen Ton höher beginnenden Gruppe aus sechs Sechzehnteln, deren Hauptnote dreimal mit der oberen Wechselnote alterniert, ehe sie in ein abschließendes Viertel mündet. Unterfüttert ist das thematische Geschehen mit einem nicht weniger mechanischen Gewebe aus stets auf die Hauptzeiten placierten Baßtönen und ebenfalls vorschlagsbestückten doppelten Achtelnachschlägen. Bestimmend für das orchestrale Geschehen ist daher nicht allein die durch Tonart und Instrumentierung bewirkte Düsterkeit, sondern zugleich der starre, variationslose Ablauf, der, als solcher schon mit einer Semantik der fatalistischen Unabänderlichkeit behaftet, deren unaufhaltsames Fortschreiten durch das Rattern seines motivischen Betriebs zusätzlich ins Bewußtsein hämmert. Während das Kartenspiel Alfredos fortgesetzt von der Gunst Fortunas begleitet erscheint, waltet untergründig ein Unglücksrad. Welchem Ziel die Handlung dieser Szene auch immer zustreben mag, die Musik gibt zu verstehen, daß diesem keiner entrinnen wird.

Indem Verdi die Verantwortung für den Zusammenhang des Satzes auf das instrumentale Geschehen verlagert, schafft er sich die Möglichkeit, auf dieser abgesicherten Grundlage mehrere unterschiedliche Handlungsverläufe anzuordnen, die miteinander lediglich durch ihr Stattfinden an demselben Ort verknüpft sind. Der Komponist agiert hier wie der Filmregisseur, der, obwohl er eine größere Gesellschaft zeigt, sein Objektiv bald auf die eine, bald auf eine andere Personengruppe lenkt und so das Geschehen realistischer einfängt, als wenn er ständig die Totale filmte. Verdis Kamera richtet ihr Auge zunächst auf die Begrüßung der Ankommenden durch Flora, verliert dann Flora aus den Augen, um dem spannungsgeladenen Wortwechsel zwischen Baron und Violetta zu folgen, schwenkt daraufhin kurz zu Flora zurück, die Violetta in ein vertrauliches Gespräch verwickeln will, und verharrt schließlich über längere Zeit bei einer Gruppe von Kartenspielern, unter denen, von ein paar Schaulustigen umringt, sich auch Alfredo befindet. Zwischen den einzelnen Einstellungen läßt Verdi viel Zeit verstreichen, in denen nichts als die Instrumentalmusik zu hören ist und welche den separierten Ablauf der Vorgänge und den dadurch erforderten Wechsel der Blickrichtung erfahrbar werden läßt. Die Gesangslücken verschwinden, sobald der kompositorische Fokus kontinuierlich bei den Kartenspielern verharrt, auf die sich das Geschehen auch deshalb verlagert, weil der Baron sich zu ihnen gesellt, um dort seine Rivalität mit Alfredo auszutragen. Während aber die verbalen Äußerungen immer stärker von unterschwelliger Aggressivität und der Lust an der Provokation geprägt sind, versagt die Komposition den Protagonisten, in Tonfall und Handlungsweise diesem Anstieg der Spannung Ausdruck zu verleihen; vielmehr zwingt der unbeirrte Fortgang des makabren Ländlers, als wäre dieser die lautbare Repräsentanz des guten Benehmens, alle Teilnehmer der Abendgesellschaft zu mühsam ertragener Zurückhaltung, und am Ende muß die finale Auseinandersetzung vertagt werden, weil der Diener zu Tisch ruft. Der Ländler verebbt, die Rivalen verlassen in unerwünschter Gemeinschaft den Saal, zwar unter sinistrem Geraune, doch ohne sich von der leitenden Hand des Comment loszureißen, die in Gestalt des Instrumentalsatzes die Szene zu einem unspektakulären Abschluß führt.

Daß die folgende Szene durchaus nicht von derselben Fassung beherrscht ist, verraten schon die furiosen Streichereskapaden an ihrem Beginn. Violetta versetzt die Ungewißheit über den weiteren Verlauf des Zwists zwischen Alfredo und dem Baron in Aufruhr, und die Musik bekundet, während sie darüber rätselt, ob Alfredo sich zur Zwiesprache mit ihr einfinden wird oder nicht, durch den harten Puls der repetierten Achtel ihre Beunruhigung. Violettas Worte allein ließen sich ebensogut furchtsam, zweifelnd oder auch mit bedauernder Verständnislosigkeit vorgetragen vorstellen; der Komponist aber bestimmt sie als Ausdruck eines Zustand extremer Aufgewühltheit, der mit dem von der Aussage her ganz unbegründeten Oktavsprung zum doppeltaktig fortissimo ausgehaltenen zweigestrichenen as einen Anflug von Hysterie annimmt. Als Alfredo dann tatsächlich erscheint, begegnet er Violetta kurz angebunden in viersilbigen Zweiwortsätzen (»Mi chiamaste? Che bramate?«), die durch den geradezu demonstrativen Gebrauch der zweiten Person Plural, also der Höflichkeitsform, die einstige Vertrautheit zwischen den Gesprächspartnern explizit widerrufen. Verdi unterlegt die gesamte Szene mit einer an einen Marsch gemahnenden Musik, die sich ausschließlich aus einem taktweise wiederholten rhythmischen Motiv aus zwei Auftaktsechzehnteln und einer Viertelnote speist, auf die eine in deutlich tieferer Lage versetzte Trillerfigur folgt. Ihre ermüdungsfreie, federnde Spannung schleudert Alfredos verstreute, Überlegenheit suggerierende Bemerkungen Violetta geradezu ins Gesicht, während sie für Violettas längere und kantablere Phrasen ein Moment der Irritation darstellen. Den unterschiedlichen Sprechduktus der beiden charakterisiert nicht zuletzt die Gestaltung gereimter Phrasenschlüsse, die bei Violetta mit eindringlicher Länge, bei Alfredo hingegen mit schneidiger Kürze (»bramate/abbandonate«, »barone/quistione«) gestaltet sind. Wo die Trillerfigur in dem Augenblick, da Alfredo sich ausmalt, wie der Baron durch ihn im Duell getötet und Violetta so um ihren Liebhaber gebracht werden könnte, verstummt und der Marschrhythmus sich zur Halbtaktigkeit verdichtet, gibt sich aufeinmal noch eine zweite Funktion dieser Begleitung zu erkennen, indem nämlich deren straffes Schnarren Alfredos Kampfgang imaginär schon vorwegnimmt. Daß Alfredo Violetta in Aussicht stellt, ihrer Aufforderung zu entsprechen und das Fest zu verlassen, unter der Bedingung, daß sie ihm verspreche, ihm überallhin zu folgen, nutzt Verdi, um Alfredo vorübergehend aus der Rolle fallen und seine wahre Intention zum Vorschein gelangen zu lassen, die darin besteht, Violetta zurückzugewinnen;

nur hier nimmt sein Gesang mit den fünf breiten Vierteln in hoher Lage und dem weitgeschwungenen Abgang die gewohnte emotionale Eindringlichkeit an sich. Diesmal ist es Violetta, die mit ihrer einsilbigen Zurückweisung seines Ansinnens das Gespräch wieder ins Stockende, Stoßförmige zurückfallen läßt, aus dem es sich auch im weiteren Verlauf nicht mehr befreit. Auf Violettas Eingeständnis, sie habe jemandem geschworen, Alfredo zu verlassen, läßt Verdi Alfredo keineswegs sogleich im Aufschrei reagieren; vielmehr inszeniert die Musik einen Vorgang steigender Bedrängung, der mit eindringlichen, fast geraunten Fragen in der unteren Mittellage anhebt, Sprechhöhe und –intensität nach und nach steigert und endlich, nach der unzutreffenden Bestätigung des in Alfredo aufgekeimten Verdachts, mit dem vernichtenden Wort *l'ami* (»du liebst ihn«) in ein ganztaktiges eingestrichenes a auszubrechen, dessen Gewaltsamkeit Violetta mehr als eine Oktave tiefer mit resignativer Bejahung in kurzen Silben beantwortet. Alfredo reagiert sofort mit dem Abbruch des Gesprächs und ruft stattdessen die Gesellschaft herbei. Genau wie der letzte Rest von Alfredos aufgesetzter Gelassenheit nun verflog, verschwindet auch der Marsch und wird von schnaubenden Synkopen abgelöst, während derer die Anwesenden sich versammeln. Die merkwürdige Einhelligkeit, mit denen diese im Unisono Auskunft begehren, beantwortet Alfredo mit der Inszenierung eines Schauprozesses, den die Komposition mit sparsamsten Mitteln illustriert. Zunächst läßt Verdi fünf Viertel verstreichen, in denen nichts als der flirrende verminderte Dreiklang der Streicher zu vernehmen ist. Als dann Alfredo das Wort erhebt und nicht sogleich mit einer Anschuldigung aufwartet, sondern erst die Neugier der Umstehenden auf die Anzuklagende lenkt, streckt die sängerische Gebärde mit der übertriebenen Verlängerung des Hochtons auf das Wort *donna* gleichsam den Finger auf sie aus, und die Celli verdoppeln, wie ein Schattenbild, die Bewegung in leichter Verzerrung. Das zweite Mal verbindet sich der musikalische Finger mit dem Wort *facesse*, dem der grammatischen Konstruktion geschuldeten Konjunktiv des Wortes *tun*, so daß die Wörter *Frau* und *Tat* zu musikalischer Assonanz gelangen. Ehe nun die Wißbegierde befriedigt wird, öffnet ein als Tusch eintretender G-Dur-Dreiklang erst noch den Vorhang für die eigentliche Anklage- und Urteilsveranstaltung, zu der Alfredo über skandierenden Akkorden das Wort erhebt. Der Wortlaut seiner Anklage vermeidet auffälligerweise den Vorwurf der Prostitution; wie schon zuvor in Alfredos Arie wird als Kern des Delikts die Tatsache hingestellt, daß Violetta ohne Alfredos Wissen die Kosten für dessen Lebensunterhalt getragen und sich dabei finanziell ruiniert hat. Wenn allerdings Alfredo schließlich Violetta einen Beutel Geld vor die Füße wirft und die Umstehenden zu Zeugen dafür beruft, sie bezahlt zu haben, schwingt der Gedanke einer pekuniären Abgeltung von Liebesdiensten assoziativ zweifellos mit. Die Gesangsstimme, die Verdi dazu erfindet, vermittelt das Bild eines selbstherrlich Aufbrausenden, der aus der Bezichtigung seinen Lustgewinn zieht. Sich aufbäumend, in scharf punktierten Rhythmen nach oben schnellend und ebenso abrupt wieder in die Tiefe stürzend, dazu immer wieder sich in höchste Lagen versteigend, schon vor dem Richterspruch sich am Glanz des Sieges berauschend, sucht sie Erhebung, um ihr Gegenüber der Erniedrigung preiszugeben. Den Zeugenschaftsaufruf wiederholt Verdi dreifach in unterschiedlicher Gestalt, als ruhe Alfredo nicht eher als bis wirklich alle Augen auf ihn gerichtet sind, fügt vor der zentralen Erniedrigungshandlung eine spannungserhöhende Pause ein und führt sodann die Stimme zum siegestrunkenen Triumph, der ganztaktig auf dem eingestrichenen a gefeiert wird.

Statt des Beifalls antwortet diesem jedoch wütende Entrüstung. Verdi läßt sie in peitschenden Salven homorhythmisch hinausgeschleuderter Worte sich artikulieren, die kaum das reale Geschehen wiedergeben als vielmehr den Begriff der Einhelligkeit musikalisch versinnbildlichen. Der Regelverstoß stößt auf empörten, ostentativ zur Regel sich bekennenden Widerspruch, der den Mangel an Anstand umso entschiedener schmäht, als er seiner Pflege zur Bemäntelung seiner eigenen Immoralität bedarf.

Daß der wohlgeordnete Chor der Aufgebrachten am Ende, obwohl er mit seinem Textvortrag genau im rechten Moment fertig wird, sich nicht auf der Tonika c-moll sammelt, sondern unvermittelt auf den verminderten Septakkord über dem Leitton ausweicht und dort steckenbleibt, gibt zu verstehen, daß hier die Überraschung über das soeben erfolgende Auftreten Giorgio Germonts sich unter den Anwesenden bereits Bahn bricht. Das Libretto legt ihm an dieser Stelle eine weitere seiner Strafpredigten in den Mund, mit denen er schon aus früheren Szenen bekannt ist: Auf eine allgemeine Lektion über den gebotenen Respekt im Umgang mit einer Frau folgt die rhetorische Aufkündigung seiner Vaterschaft in Bezug auf den unwürdig gewordenen Sohn Alfredo. Die Komposition indessen stellt an einem entscheidenden Punkt Unähnlichkeit zwischen diesem und den früheren Lehrvorträgen Germonts her, indem sie ihn zum ersten Mal ohne einen Vorlauf der Begleitung, ja ohne Begleitung überhaupt zu reden anfangen läßt und damit einen Wesenszug an ihm zum Vorschein bringt, dessen Vorhandensein bisher nicht zu vermuten war. Germont spricht, ohne vorher Bühne oder Kanzel für seinen Vortrag bereitet zu haben, und das heißt: er spielt keine Rolle, verwirklicht keinen vorbedachten Plan, sondert handelt aus unmittelbarem Impuls. Das Gefälle seiner ersten Worte ist denn auch von feierlichem Zorn geprägt, auf jede der gleichsam mit wuchtigen Schlägen in Stein gemeißelten Dreiwortphrasen folgt eine ebensolange Pause, in der ihr Rhythmus im Orchester nachhallt, und obwohl dem Wortlaut nach die eigentliche Verurteilung des Sohnes erst dort stattfindet, wo der Vater bekennt, ihn in Alfredo nicht länger erblicken zu können, verraten der Wechsel der Tonart von f-moll nach Es-Dur sowie die weit ausschwingende Kantilene über dem latenten Zwölfachteltakt, daß sich unter der Robe des gestrengen Richters schon die Hand zur Versöhnung bereithält.

Ungleich ist auch die Wirkung, die Germonts Rede entfaltet, und daß sie es nicht allein kraft der Musik ist, läßt erahnen, weshalb Verdi Germont dieses Mal in einem anderen Licht erscheinen läßt als in seiner Arie oder im Duett mit Violetta. Alfredo, der seinem Vater noch gar nicht lange zuvor das Ohr hartnäckig verschlossen hatte, erwacht schlagartig aus bewußtlosem Wüten zur Einsicht in die Natur und den Grund seiner Verfehlung: »O weh, was tat ich! ... Wahnsinnige Eifersucht, enttäuschte Liebe zerrissen mir die Seele...« Jetzt, da der Vater unverstellt und ohne Hintergedanken sich äußert, dringen seine Worte in das Gewissen seines Sohnes, der ihm vordem entfremdet war. Die Komposition formuliert dieses Wiederaufleben des Sohnschaftsverhältnisses, das sich ausgerechnet seiner Widerrufung verdankt, als geradezu kindliches Stammeln, das seine Betroffenheit nur in flüchtig dahingeworfenen, sich beinahe noch das eigene Sagen versagenden Satzbruchstücken zu artikulieren versteht. Aber nicht allein Alfredo, auch die übrige Festgesellschaft wird durch Germonts Worte in geradezu mystische Verstörung versetzt, die sogar den Redner selbst ergreift.Was eine Reaktion des Augenblicks wäre: Erschütterung des Täters über die Tat, Zuspruch und Trost für die Angegriffene, Schadenfreude auf Seiten des Nebenbuhlers, wird durch die ausgedehnten Wiederholungen einer selbst schon in kreisender Bewegung sich ergehenden Komposition in einen fortdauernden Zustand überführt, der, weil er zum Stillstand bringt, was eigentlich dem Progreß unterliegt, sich als das Symptom einer Lähmung verständigt. Nirgendwo wird dies deutlicher als in der Person Giorgio Germonts selbst, dem zwar die Erkenntnis von Violettas Tugend aufgeht, und der zur Gewißheit gelangt, daß sie Alfredo liebt und ihm treu ist, zugleich aber so in diesem Erkennen befangen ist, daß er es nicht vermag, daraus Konsequenzen zu ziehen. Auch Violetta, die musikalisch durch eine wunderbar anrührende und zugleich erhabene Kantilene dem Geschehen beinahe entrückt ist, sieht zwar den Tag voraus, an dem Alfredo die Wahrhaftigkeit ihrer Liebe entdecken und Gottes Hilfe benötigen wird, um seiner Gewissensnot zu entkommen, bleibt aber doch, wie die anderen, in den Gefühls- und Bewußtseinszustand festgebannt, in dem sie sich gerade befindet. So immens scheint die Bewegung zu sein, von der aufeinmal alle berührt sind, daß sie zu vollkommener Regungslosigkeit verdammt.

Einleitung zum 3. Akt

Den dritten Akt eröffnet ein instrumentales Vorspiel und dieses beginnt als Requiem; mit ihm setzt Verdi Violetta jenen Grabstein, welchen die Kirche jedem gefallenen Mädchen verweigerte. Keiner Zensur je ist es in den Sinn gekommen, daß gerade jene wenigen Takte, in denen Verdis aus tiefem Glauben entspringende Pietà der kirchlich verwalteten Doktrin vom frommen Leben den Kredit aufkündigt, das entscheidende Mittel sein könnten, durch welches der Komponist die Autorität von Papst und Klerus maßgeblich unterminiert. Obwohl es sich bei diesem Vorspiel um einen abgeschlossenen Satz und nicht etwa um eine in die erste Szene mündende Einleitung handelt, trägt er in Verdis Partitur keine eigene Überschrift und wird bei offenem Vorhang ausgeführt. Die originale Regieanweisung sieht vor, daß Violetta, während er erklingt, schlafend auf einem Bett hinter halb geschlossenen Vorhängen liegt, eine Vorerinnerung also an die Bahre, die zu verstehen gibt, daß der Tod schon halb in den Raum eingetreten ist. Der Satz steht in c-moll, jener Tonart, in der seit jeher Begräbnisrituale komponiert wurden und in der sich auch die Schlußchöre von Bachs Johannes- und Matthäuspassion bewegen. Musikalischer Duktus aber und melodische Erfindung erinnern, obgleich auch nicht die Spur eines Zitats zu ermitteln ist, so intensiv an Haydns *Sieben letzte Worte unseres Erlösers am Kreuz*, daß es kaum vorstellbar ist, Verdi könne nicht vorsätzlich darauf Bezug genommen haben. An dieser Stelle der vorliegenden Abhandlung ist es nun auch endlich am Platze, einen Blick zurück auf das *Preludio* betitelte Orchesterstück zu werfen, das der gesamten Oper vorausgeht und dessen erste sieben Takte, allerdings um einen Halbton nach unten transponiert, mit denen des Vorspiels zum dritten Akt übereinstimmen; denn keineswegs greift dieses die Musik des *Preludio* wieder auf, vielmehr weist das *Preludio* auf die Requiemsmusik voraus und macht auf diese Weise darauf aufmerksam, daß Violettas nahes Ende von Anfang an besiegelt ist. Nicht die ins Unglückliche sich wendende Liebesgeschichte von Violetta und Alfredo ist die Ursache für den tragischen Verlauf der Handlung, vielmehr nahm die Tragödie ihren Lauf, noch ehe Violetta und Alfredo einander begegneten, und der Sache nach steht außer Zweifel, daß auch ein gnädigeres Schicksal diesen nicht hätte abwenden können. Giorgio Germonts moralistisch verblendetes Einschreiten gegen die unstatthafte Verbindung seines Sohnes mit einer geläuterten Kurtisane trägt nicht den kleinsten Anstoß zu deren Sterben bei, sondern verfinstert lediglich die wenigen letzten Wochen ihres Lebens, die andernfalls vom Glück der Liebe Alfredos hätten erfüllt sein können. Das Ende ist im Anfang schon gegeben – daher ist *La Traviata* keine Oper, deren Interesse auf ihren Ausgang hin gerichtet ist; und gerade weil das Handeln ihrer Akteure nicht über Leben und Tod, sondern nur über Freude und Trauer, Glück und Unglück, Sinn und Sinnlosigkeit entscheidet, stellt sie die Frage nach dem adäquaten Maßstab moralischen Verhaltens nicht unter heilsgeschichtlich-religiösem, sondern unter existentiellem Aspekt.

Ob es vor der *Traviata* schon einmal eine Oper gegeben hat, bei der, wenn sich der Vorhang hebt, nichts als zwei Schlafende zu sehen sind, ist mir nicht bekannt. Violetta erwacht und findet ihre Dienerin auf dem Stuhl eingenickt. Den Dialog, der sich daraufhin zwischen den beiden entwickelt, gestaltet das Libretto wortkarg und zusammenhangslos: Violetta verlangt nach etwas zu trinken, fragt nach der Uhrzeit, bittet darum, ein wenig Licht ins Zimmer zu lassen, Annina antwortet knapp und tut, wie ihr geheißen. Orientiert sich schon die Dichtung überraschend eng am wirklichen Verhalten einer auf den Tod Ermatteten, so schafft Verdi daraus durch extreme kompositorische Abstinenz eine Szenerie, die so vom Verlöschen des Lebens beherrscht ist, daß sie den Tod gleichsam zu atmen scheint. Das in schmucklosem rezitativischem Tonfall gestaltete Gespräch zwischen Herrin und Dienerin verläuft vollkommen unbegleitet, buchstäbliche Totenstille liegt über dem Raum. Die einzelnen, jeweils durch verschiedene Veranlassung bestimmten Inseln des Dialogs sind durch zweieinhalb- bis dreieinhalbtaktiges Schweigen voneinander getrennt, in das die ersten beiden Abschnitte des Vorspiels fahl hereintönen. Stärker noch als in dem vorausgehenden Instrumentalsatz selbst gemahnt deren vierstimmig akkordliche, eng gesetzte Faktur hier, wo es für ihr Erklingen kein szenisches Motiv gibt, an den Gesang eines Frauenchors im sakralen Raum, der die Totenfeier dem Sterben antizipierend einbeschreibt. Ein ähnlicher Fingerzeig geht von dem Sachverhalt aus, daß Verdi die Zeit zwischen dem Augenblick, da Annina den zum täglichen Krankenbesuch erscheinenden Arzt auf der Straße erblickt, bis zu seinem Eintreffen durch die vier Schlußtakte des Vorspiels überbrückt: Das Ende steht unmittelbar bevor, und nur die trugschlüssige Wendung der Schlußkadenz vom Dominantseptakkord zur sechsten Stufe As-Dur erwirkt noch vorübergehenden Aufschub. Den Dialog mit dem Doktor Grenvil stattete schon Piave mit einer Reihe von Indizien dafür aus, daß Violetta sich über das Stadium, das ihre Krankheit erreicht hat, im Klaren ist: die Mitteilung vom Besuch eines Priesters und die entwaffnende Zurückweisung der von Grenvil ausgesprochenen Genesungshoffnung als »fromme Lüge« erlauben keinen Zweifel, daß die Patientin sich bereits selbst die Prognose gestellt hat, die der Arzt nach dem Verlassen des Zimmers der Dienerin zuraunt: »Die Schwindsucht gewährt ihr nur noch wenige Stunden«.

Es gehört zur kompositorischen Stringenz dieser Oper, daß drei ihrer vier Arien als Monologe angelegt sind und die vierte, jene des Giorgio Germont, da der Sohn diesem das Gehör verweigert, zumindest ein Sprechen ins Leere darstellt. Die musikalische Form ist somit jederzeit durch die dramaturgische Situation gerechtfertigt. Violettas zweite Arie findet in einem Augenblick statt, da sie sich durch den Auftrag an Annina, ihre Post zu erledigen, eine kurze Weile des Alleinseins verschafft hat. Eingeleitet wird sie durch ein Melodram, in dem Violetta über dem als Nachhall erklingenden Thema aus Alfredos Liebesgeständnis eine Passage aus einem Brief Giorgio Germonts rezitiert, der mit der Ankündigung von Alfredos Rückkehr und dem Zuspruch schließt, sie, die Adressatin, verdiene eine bessere Zukunft. Mit Violettas Ausruf *È tardi* (»Es ist zu spät«) reißt das Melodiezitat kurz vor seinem Ende ab und katapultiert den Satz aus dem Zustand tranceartigen Erinnerns in die unwirtlich dürre Gegenwart des Rezitativs, das der durch den Brief genährten Hoffnung die zornerfüllte Enttäuschung gegenüberstellt. Die Arie selbst ist ein zweistrophiges Gebilde, dessen Sechsachtelbewegung wie der fahl gewordene Glanz der vergangenen Feste, der erlahmte Tanzschritt des *Sempre libera* aus ihrer ersten Arie erscheint. Untergang ist ihr Thema, und die Gewalt, mit der Verdi es anspricht, entspringt aus der geradezu anstößigen Schönheit, die er dem Ausdruck tiefster Trostlosigkeit verleiht. Das Ende ist bitterer, wenn es die Spur früheren Glücks erinnert, die Schönheit, die dem Verfall entsteigt, hat etwas Ungebührliches, ja Verwerfliches an sich. Darf sterben, was mit solcher Schönheit gesegnet ist? – darf der Tod in solch liebreizendem Gewand einhergehen? Piaves Libretto gibt an dieser Stelle Violetta alle Gedanken ein, die im Angesicht des nahen Todes die letzte Hoffnung zunichte machen und den Himmel als die einzige Zuflucht der gescheiterten Existenz ausweisen: die Beobachtung des körperlichen Verfalls, die Entbehrung von Alfredos Liebe, die schlechthinnige Endlichkeit der Lust und gar der Schmerzen, die kirchliche Verweigerung einer würdigen Bestattung. Aber als wäre dies nicht Elends genug, versieht Verdi diese Überlegungen mit einer Musik, welche die Klage nur anklingen läßt, um sie dem schwärmerischen Genuß des Untergegangenen gegenüberzustellen, der in der Nachbarschaft seines Nichtmehrseins umso köstlicher sich darstellt. Keine Verzweiflung kann schlimmer sein als jene, die noch in den Händen zu spüren vermeint, was ihr längst unter den Fingern zerronnen ist. Um dies erfahrbar zu machen, befleißigt sich Verdi der Ästhetik der Schmucklosigkeit. Seine Komposition, bestehend aus einer rhythmisch unprofilierten, harmonisch nur Tonika und Dominante in der Abfolge von 2+1+1 Takten aneinanderreihenden begleitenden Substruktion und einem darüber ausgebreiteten, taktweise dreifach wiederholten melodischen Modell, das eine Schlußformel zur viertaktigen Phrase komplettiert, ehe das Ganze unverändert wiederholt wird, muß einer rein analytischen Bestandsaufnahme unweigerlich dürftig erscheinen. Gerade aber, wenn es dem Schmucklosen gelingt, Anmut zu entfalten, offenbart es, daß die Quelle jenes Reizes des Schmuckes nicht bedarf. In der Ärmlichkeit des Totenhemdes, in die Verdi Violetta kleidet, wächst, was ihre musikalische Erscheinung dennoch an Schönheit birgt, ihrer Person umso eigentlicher zu und läßt ihren bevorstehenden Untergang als umso größeren Verlust empfinden.

Das anschließende Baccanale versetzt das Früher und Heute als Draußen und Drinnen in die Gleichzeitigkeit: draußen das närrische Treiben, drinnen das Sterben, draußen die Gesellschaft des Spaßes und der Vergnügungen, der Violetta einst selbst angehörte, drinnen, was von der Existenz übrigbleibt, wenn der Spaß aufgehört hat. Daß indes gerade hier, in der beklemmendsten Umarmung des Todes, ein Lebenshöhepunkt sich einstellt, ist eine Disposition, wie sie sich kaum anders als durch die diesseitszugekehrte Religiosität Verdis gefügt vorstellen läßt. Die von der Poststelle zurückkommende Annina berichtet vom Eintreffen Alfredos, der, kaum daß sie vor eigener Aufregung und im Bemühen, diese nicht auf Violetta überspringen zu lassen, imstande war, die Nachricht zu übermitteln, auch schon in der Türe steht, und aus der daraus resultierenden heftigen Umarmung entwickelt sich ein einzigartiger Moment vollkommener Liebeserfüllung, das einzige Liebesduett der ganzen Oper. Nicht alles hierfür hat bereits Piave bereitet; zwar übertreffen sich seine Liebenden sofort nach dem Wiedersehen in wechselseitigem Verzeihen und beteuern einander, sich durch nichts mehr trennen zu lassen, doch verströmt das *Parigi, o cara* mit seinem Entwurf eines gemeinsamen, beschwerdefreien, glückvollen Lebens durch seine freundliche Einfarbigkeit den Hauch von Illusion. Verdi hingegen übergeht kurzerhand die Frage nach dem Wahrheitsgehalt einer solchen Zuversicht. Nachdem er die Wiedersehensfreude in einem weitausholenden oktavparallelen Pas-de-deux sich entladen ließ und dem Vergebungseifer durch kurzgliedrige Phrasen in beschleunigtem Tempo Ausdruck verschaffte, entführt er das Liebespaar durch eine Modulation von E-Dur nach As-Dur, die den Leitton mit dem Grundton verwechselt, die Ablösung der eiligen Bewegung durch breit lagernde Akkorde sowie durch zwei lange Pausen in ein Gemach, das, gleichsam von der Welt abgeschieden, für Augenblicke der alleinige Lebensraum der in ihn zurückgezogenen Personen ist. Anders als draußen herrscht in ihm ein gemächlich schwingender Puls, die Harmonik wiegt sich sacht von der Tonika zum Dominantseptakkord und wieder zurück, die Melodik verläßt kaum die einmal gefundene, in sanften Wellen sich ausbreitende Bewegung. Es ist ein Raum, der ruhige Heiterkeit gewährt und in seiner friedvollen Entlegenheit die Liebenden nach und nach zu verspielteren, beseligteren, sich immer enger vereinigenden melodischen Abschweifungen inspiriert; und da seine Verbindungen zur Außenwelt gekappt sind, ist das Liebesglück, in dem beide schweben, auch wahr, wenngleich es natürlich keinen Bestand hat.

Der erste Schritt aus dem umfriedeten Ort hinaus ist denn auch gleich der entscheidende zuviel. Violettas Entschluß, in einer Kirche Gott für Alfredos Rückkehr zu danken, stellt die Verbindung zur äußeren Realität wieder her, und mit ihr gewinnen deren Bedingungen ihren beherrschenden Einfluß zurück. Auch die musikalische Idylle zerbricht, der schaukelnde Dreiertakt wird von einem straffen Viervierteltakt abgelöst, Stöße von repetierten Achteln prägen die Begleitung, über der der Gesang in eine zugleich erregte und stereotype Diktion verfällt. Akzentuierte Dreitonfiguren in den tiefen Streichern markieren Konvulsionen Violettas, welche sogleich die Besorgnis Alfredos wiederaufleben lassen; und während das Textbuch Violetta nur einfach Beschwichtigungen in den Mund legt, mit welchen sie die Befürchtungen zu zerstreuen sucht, verrät die Komposition, welche unablässig an der gleichförmig atemlosen Diktion aus drei auftaktigen Achteln und zwei abtaktigen Vierteln festhält, daß ihr dieses aufgrund ihres körperlichen Zustands schon nicht mehr gelingt. Umso anschaulicher führt die Musik das Maß der Selbstbezwingung vor Augen, wenn sie dort, wo Violetta zur Demonstration ihres Wohlergehens sich ein Lächeln abnötigt, ihr nocheinmal über einen ganzen Takt sich ausdehnende, trillergeschmückte Töne hervorzubringen aufgibt. Da Alfredo sich nicht täuschen läßt, greift Violetta zu einem stärkeren Mittel, indem sie Annina auffordert, ihr die Ausgehkleidung zu bringen. Achtelweise nachschlagende Akkorde im Orchester, verbunden mit einem alle zwei Takte im tiefsten Ton sich halbtönig nach unten verschiebenden Akkord, lassen die Spannung ansteigen, während Violetta ihren Entschluß, aus dem Haus zu gehen, durch ein *voglio* (»ich will«) auf zweigestrichenem fis unterstreicht, dem Verdi durch genau doppelt so lange Dauer, wie er sie Alfredos *attendi* (»so warte«) verleiht, gewissermaßen doppelten Durchsetzungswillen zumißt. Eine vierfach wiederholte zackige Streicherfigur illustriert die wiederholten Fehlschläge beim Versuch Violettas, sich den Mantel anzuziehen, die daraus resultierende Verzweiflung liefert die Energie für einen heftigen Ausbruch, der Violetta nur umso atemloser zurückläßt. Der Fünfsilbenrhythmus wird wieder aufgenommen, klopfende Achtel in den tiefen Streichern tragen dem Sprechen ein vorwärtsdrängendes Moment ein. Der Ausdruck des Wunsches, noch weiterleben zu wollen, beflügelt Violetta nocheinmal zu einer Kantilene, die allerdings nach kurzem Anstieg in weitem Bogen anderthalb Oktaven absinkt und schließlich vom einstimmig fortissimo einsetzenden Blech zum Schweigen gebracht wird. Von solcher Übermacht zur Besinnung gebracht, erlangt Violetta die Einsicht in die Ausweglosigkeit ihrer Situation zurück, welcher die Komposition mit nüchtern und in ruhiger Strenge einherschreitenden Notenwerten über den bedächtig eine schlichte Kadenz in g-moll ausführenden Instrumenten Ausdruck verleiht.

Die Schlußphase des Satzes wird, analog zu jener des Duetts mit Giorgio Germont, durch einen Marsch eingeleitet, der ganzundgar vom Gleichschritt der Viertel beherrscht wird und daraus ein Moment der Unaufhaltsamkeit, des ebenso blinden wie unbeirrbaren Vorwärtsstrebens bezieht. Bemerkenswert erscheint, daß beide Märsche vom bevorstehenden Tod handeln, jener vorausblickend als von einem zu erwartenden Ereignis, dieser als von einer manifesten Gewißheit. Daß Verdi dem Ton der Anklage und des Selbstmitleids nicht nachgibt, den Piave den Worten Violettas erteilt hat, mag darauf hindeuten, daß er seine Heldin als moralisch starke, entschlossene Person dargestellt wissen wollte, die dem absehbaren Ende nicht freudig zwar, aber unerschrocken entgegengeht. An keiner anderen Stelle der Oper jedenfalls entfernt sich die Komposition ähnlich weit von der Aussage des Textes, so daß, wenn Alfredo Violettas Melodik aufgreift und mit einer eigenen Strophe unterlegt, deren tröstlicher Sinn ins Leere läuft und eher schon den Verdacht aufkeimen läßt, Alfredo wolle, ohne den Gleichklang mit seiner Geliebten aufzugeben, an der Illusion von der besseren Zukunft festhalten, deren sich diese gerade endgültig entschlagen hat. Ganz unnötig erscheint in diesem Zusammenhang auch Alfredos an den Marsch anschließende Aufforderung an Violetta, sich zu beruhigen, und unbegründet seine Klage, ihr Schmerz bringe ihn um; denn aus Violettas Rede vom grausamen Ende, das ihrer Liebe bereitet sei, spricht in der komponierten Fassung nichts von Schmerz oder Erschütterung, vielmehr ist da allein der gefaßte und unverwandte Blick auf den sicheren Untergang. Das Ende des Duetts zeigt beide vereinigt, aber in gänzlich verschiedener Einstellung: Während Violetta ihr tragisch auswegloses Los beherzt auf sich nimmt, bleibt Alfredo verzagt und um Zuspruch bedacht, als könne grundlose Hoffnung das Unglück abwenden. Die Musik aber leiht ihr Ohr Violetta als der stärkeren und nötigt Alfredo, seine Worte in einen Tonfall zu kleiden, der ihrem Sinn nicht entspricht.

Das Ende beginnt im Kontext falscher Annahmen. Germont ist herbeigeeilt, um Violetta als Tochter in die Arme zu schließen. Erst jetzt, da die Worte aus dem Mund einer zum Sterben Gebetteten kommen, begreift er den Ernst der Ankündigung ihres Todes, die sie im Duett ihm gegenüber machte und die er damals abtat; nun aber erkennt er mit einem Schlage, daß sein vermeintlich rechtschaffenes und gottgefälliges Verhalten in Wahrheit der verhängnisvolle Fehler eines Verblendeten war. Den mehrfachen Umschwüngen der Handlung trägt die Komposition auf das genaueste Rechnung: Germonts Eintreffen begleitet sie mit munteren chromatischen

Läufen der Violinen, seine kurze Rede mit ruhenden, wie stets ihm ein Podium errichtenden Akkorden, Violettas Entgegnung mit flüchtigen Streichernachschlägen, welche die Gesangslinie darüber beinahe entspannt erscheinen lassen. Germonts erschrockene Überraschung spiegelt ein im fortissimo vibrierender Akkord, das zögernde Aufgehen der Erkenntnis ein in einen unveränderlichen verminderten Septakkord einbeschriebenes, dreifach wiederholtes Dreitonmotiv, seine Bestürzung ein aufgewühltes Aufundab, den Vorwurf an sich selbst eine plötzlich ins pianissimo zurückgenommene, zwischen Tonika und Dominante pendelnde Skalenbewegung, die in Verbindung mit dem deutlich zögernden, psalmodierenden Redefluß seinen Worten die Züge einer inneren Einkehr annehmen läßt.

Die eigentliche Sterbeszene wird zum großen Teil von einer Ansprache Violettas an Alfredo eingenommen, die ihr Vermächtnis an ihren zukünftigen Hinterbliebenen zum Inhalt hat. Violetta vertraut ihm darin ein Bildnis von sich an und übergibt es ihm mit der Auflage, jener jungen Frau, die ihm ihr Herz schenken wird, zu erklären, was es damit auf sich hat. Violettas Text besteht aus lediglich zwölf teils acht, teils sechs Silben zählenden Versen, der hie und da mit den kommentierenden Worten der Umstehenden versetzt ist; und während Violettas Vorstoß im enggläubig-frommen Italien des neunzehnten Jahrhunderts revolutionär erscheinen mußte, überschreitet die Reaktion Alfredos, Germonts und der Annina nirgends den Rahmen des Konventionellen. Alfredo kann es nicht fassen, daß der Himmel ihm solches Leid auferlegt, Germont bedauert Violetta als Opfer einer verhängnisvollen Liebe, bittet aber gleichwohl um Vergebung und befiehlt sie gemeinsam mit Annina der Gemeinschaft der Seligen.

Das beherrschende Element der Komposition ist ein nur drei Achtel umfassendes rhythmisches Motiv, das aus einem Achtel, einer Sechzehntelpause, zwei Zweiunddreißigsteln und einem weiteren Achtel besteht und in seiner Ausgangsgestalt vierfach denselben Akkord aufeinander folgen läßt. Das Motiv wird, zumindest in der ersten, sich über fünfzehn Takte erstreckenden Phase, stets pianissimo und in tiefer Lage vom gesamten Orchester ausgeführt, in dem das tiefe Blech klanglich dominiert. Violettas Gesang rezitiert anfangs darüber auf stets demselben Ton und erhebt sich einzig zu einer melodischen Wendung, wo sie ihre große Liebe für Alfredo ausdrückt. Die gemeinschaftliche Klage Alfredos und seines Vaters, mit einer lückenlosen Folge des rhythmischen Motivs unterlegt, ist, trotz der exponierten Höhe gerade der Tenorstimme, so schematisch wie ihr Inhalt und reiht dasselbe rhythmisch-melodische Modell in fünffacher Sequenz, wobei die Partie des Vaters jene des Sohnes im Viertelabstand imitiert, durch solch wohlorganisierte Form sich einem rituellen Lamento annähernd. Wo Violetta sodann zu der zentralen Aussage ihres Vermächtnisses kommt, mit der sie Alfredo dazu bestimmt, eine neue Partnerschaft einzugehen, weicht das beherrschende rhythmische Motiv aufeinmal zurück und erscheint nur noch in viertaktig auseinandergerückten Reminiszenzen, während sich Violettas Gesangslinie zu einer ruhevollen, anmutig ausgreifenden Kantilene aufschwingt, die den körperlichen Zustand der Person zu vergessen und den dumpf drohenden Salven des Orchesters schon entflohen scheint. Auch wendete sich mittlerweile die Harmonik vom finsteren des-moll, das den Beginn von Violettas Ansprache charakterisierte, nach E-Dur, um schließlich zum Grundton des zurückzukehren, der nun aber, mit einem Durdreiklang überbaut, ein milderes Licht verströmt. Nach einem kurzen Intermezzo der Klagenden wiederholt Violetta die letzten vier Verse ihres Vermächtnisses in noch exaltierterem, im fortissimo auf dem b" gipfelndem Gesang, dessen grandiose Überhöhung den nun wieder vermehrt auftretenden Hauptrhythmus und das Gemurmel der Umstehenden in weite Ferne verweist.

Die letzte Phase von Violettas Sterben beginnt musikalisch mit zwei Zitaten, welche die zentralen Momente der ganzen Oper ansprechen: die Weise von der Liebe als dem Pulsschlag des Universums und das Wort *È strano* (»Seltsam«). In jener bekundet sich die (vermutlich dem Komponisten zuzuschreibende) Überzeugung, daß alles Leben maßgeblich von der Liebe angetrieben und bewegt werde, dieses markiert den Wendepunkt in Violettas Leben, an welchem ihre Selbstbekehrung fort von der veräußerlichten Leichtigkeit der Vergnügungen und hin zu einem existentiell gefüllten Dasein echter Hingabe ihren Anfang nahm. Beides scheint, miteinander kombiniert, anzudeuten, daß der unmittelbar bevorstehende Tod durchaus nicht das Ende, sondern nur einen neuen, vielleicht noch strikter auf das Ziel einer sich vervollkommnenden Liebe ausgerichteten Wendepunkt darstellt. Von daher mag es sich auch erklären, daß Violetta, nachdem sie zunächst gleichsam unter Hypnose in tiefster Lage psalmodierend vom Vergang der Schmerzen und dem Wiederaufleben ihrer Kräfte berichtete, in sacht beginnender, dann aber immer grandioserer Steigerung ihre Rückkehr ins Leben feiert, die probate kirchliche Formel vom Leben *nach* dem Tode damit intellektuell radikal überflügelnd. Kulminationspunkt dieser Ekstase sind ihre Worte *O gioia!* (»Welche Freude!«), die wiederum auf ihr früheres, der oberflächlichen, nichtigen Freude gewidmetes Leben zurückweisen und erahnen lassen, wo der Ort der wahren, unbeeinträchtigten Freude zu suchen ist. Nicht zufällig wohl hat Verdi das Zitat der Weise vom Pulsschlag des Universums kurz vor der Stelle abschweifen lassen, an dem der Text bei den Worten *croce e delizia,*

Elend und Glückseligkeit, angekommen wäre. Wo die grenzenlose Freude regiert, sind sowohl Elend als auch Glückseligkeit von der Liebe abgefallen. Der Jubel der Musik verrauscht mit Violettas Tod, die Zurückbleibenden umfängt augenblicklich entsetzliche Düsternis, die Verdi in den wuchtigen Unisono-Schlägen des wiederholt für die Momente größten Unglücks verwendeten des-moll ausdrückt. Von der Rückkehr ins Leben bleibt ihnen nichts als der Verlust.